撒下好命的种子
写给年轻人的祝福

释证严 著

复旦大学出版社

自序

运转幸福人生

人生方向，要自己运转，不要被人所转——

能活、能动，又能开心付出，

让生命每一时刻都充满意义，

就能运转出幸福人生！

现在的年轻人真幸福，但是知不知福呢？常听到年轻人说压力大，我十分不解：何谓压力？既看不见也摸不着，仅仅是一种心理感觉，却让人如梦魇般挣脱不了。深究原因，平时没有依止的方向与目标，心思就会随着贪念、嗔怒、愚昧而四处乱窜。所以年轻人要学习生命的价值观，以及正确的人生目标。

现在社会乱象丛生，犹如模糊而庞大的梦游世界，让人失去方向。如何指引年轻人步上正轨？当务之急，人人应净化己心，回归清净的本性。

每个人都想追求快乐，诸如赚大钱、住豪宅、开名车，这些真的是快乐人生吗？其实生命的真谛是苦多于乐，即使有再好的顺境，也会受到磨练、遇到挫折，更须接受生命严酷的考验。需明白的是，苦乐唯心造，只有心灵开阔，方能创造出生命的灿烂。

我们要珍爱自己，看到别人走错路，应引以为鉴；见别人走出一条成功的道路，就好好的学习，并以感恩心，乐观接受人生的考验。若能做到乐观又善解，珍惜又勇敢，更能感恩又尊重，我想任何人都有无限的潜能。

青春就是福，千万不要留白，要慎选人生方向，在人群中发挥年轻人那份美丽的光辉，对世间有贡献；选择对了，就要立志、立愿去行动。

年轻人一定要具备"诚正信实"的美德，而且对上一辈即将交付的重责大任，要有承担的力量。现在的青少年日后会长大，目前的青壮年以后会变老，所以年轻人要有承担、有传承。

对于女孩子，我期待个个都是懿德典范。懿德就是品德,要养成女性品德,从少女时就要规规矩矩受教育,尊师重道、孝顺父母。日后不论成为职业妇女或家庭主妇,都要守在岗位上,做出人品典范。如此,不仅能对上承担,亦能向下传承这一份美善人文。

总而言之,去除贪念、抛掉嗔怒,内心自然不愚昧;扫除心灵的阴霾,即能显现亮丽的本性。期待每一位年轻人都能向清净、踏实的人生迈进,发挥灿烂青春的良能。

目录

自序　运转幸福人生 \ 001

1 争时间 \ 001

不思前,不想后;过去是杂念,未来是妄想。
当下这秒钟、这一刻,
期待人人都能踏实的度过。

一出生就是七十岁 \ 002
因为昨天,今天才能延续 \ 005
不思前、不想后的人生 \ 008
分秒即永恒 \ 010
珍惜三间:时间、空间、人与人之间 \ 013
一生唯一的目标 \ 015

2 重孝顺 \ 017

孝道不只是在物质上满足父母,
更要让父母亲的心灵自我提升。
期许大家都能成为父母的希望、社会的希望。

目 录

培养一颗柔软心 \ 018
得了"缺爱症",怎么办? \ 021
家里的上人 \ 024
什么是孝? \ 027

3 顾好心 \ 031

心若顾好了,身体就不会做错事,嘴巴就不会说错话。
一个人不说错话也不做错事,
就是一个能自爱的人。

爱心——爱好自己的心 \ 032
人生不脱轨 \ 034
你是聪明还是智慧? \ 037
发挥"纳米良能" \ 040
真正的静 \ 043
十四岁的死刑犯 \ 045
一个沉迷网络的女孩 \ 047
如何去除占有心? \ 049
走过贫穷路 \ 051

目 录

4 美人文 \053

每一位青少年都应该发一个愿——
"我要解决社会问题,
不要制造问题。"

不要掉入"商业陷阱" \054
问题终结者 \057
做个好命的孩子 \061
心中常有一句好话 \064
我做到了耶! \066
甜蜜的回忆 \068

5 入慈济 \073

大家做志工付出的同时,应会自我反省——
既然都能爱与自己毫无关系的人了,
为什么不能爱周遭的人呢?

目 录

一日三说慈济 \ 074
慈济=教富+济贫 \ 076
二十年的恨与怨 \ 080
佛教新血轮 \ 083
宇宙人生大学 \ 085
点亮无尽心灯 \ 089

6 做志工 \ 095

佛教是一门很深的学问,是与日常生活不分离的教育。
要将很深的学问,化成生活教育。
做志工,就是身体力行佛教的生活教育。

做志工体会人生 \ 096
用眼睛"听",用耳朵"看" \ 098
珍惜生命 \ 100
给的傲慢V.S.学的谦卑 \ 103
洗澡队 \ 105
洗慈济头 \ 109
大林团仔仙 \ 112

目 录

7 说母语 \115

台湾各族群都有自己的语言,
台湾人应该要会说自己的母语。
人人都说母语,台湾文化的根才会坚固。

勇敢开口说母语 \ 116
为什么要说母语? \ 119
孝、敬、爱老人的方法 \ 121
多一种语言,多一份方便 \ 124

8 善人生 \127

作为一个人,怎样才是幸福?
懂得为人群付出的人最幸福,
懂得怀抱感恩心且付出无所求的人更是幸福。

不做草莓做铁珠 \ 128
打开幸福门 \ 132
众生与人生 \ 135

目 录

网吧v.s. 捐髓 \ 138
爱的力量最大 \ 140

9 明情绪 \ 145

人心都是"人之初,性本善"的"好心",我们要多利用健康的身体及时行善,好好调理自己的习气。

恶习气出现时 \ 146
感到愤怒时 \ 148
说话与听话 \ 151
要"理直气和",勿"理直气壮" \ 154
遇到人我是非时 \ 156
当心里太在意时 \ 158
觉得不快乐时 \ 160
被误解时 \ 163
感到生命没有出口时 \ 166

目 录

10 不吸毒 \169

为什么青少年会吸食安非他命？为什么会吸毒？
这都是源于心理状态。
如果人人自心净化，吸毒的问题也就消失了。

家有吸毒儿 \ 170
戒毒者的自白 \ 172
贩毒者的心理 \ 178
拒毒，不能少我一人 \ 180

11 绝非行 \183

错误的念头一起，要赶紧停止，才不会犯下罪行。
若一念差、一步错，
要往回走的道路就非常辛苦。

防非止恶 \ 184
自我减压的方法 \ 188
用爱祥和社会 \ 192

目录

偏差人生 \ 194
莫贪杯中物 \ 197
拒吸二手烟 \ 200
将刷卡的手转来做环保 \ 202

12 显佛法 \ 205

在日常生活中,
行佛所行之行,说佛所说之语,怀佛所怀之心。
若能如此,则瞬息之间所遇的一切,都是佛法的真理。

善尽己能 \ 206
四摄法 \ 210
修行速成班 \ 213
不自轻、不自大 \ 216
见佛闻法一念间 \ 220

附录　慈济弟子规 \ 224

1 争时间

——不思前,不想后;过去是杂念,未来是妄想。当下这秒钟、这一刻,期待人人都能踏实的度过。

一出生就是七十岁

每次看到年轻人来慈济医院担任志工,就觉得社会的未来充满希望。其实现在很多年轻人都是从小就被父母、家人照顾得无微不至,物质上不虞匮乏。因此,当青少年朋友来医院做志工,看到许多人有着欠缺的人生,看到许多人受着风霜雪冻,真实地看到世间苦相后,才能体会到自己的福分有多大,就会更加地惜福。懂得惜福,才知道要造福;知道造福,才能确切发挥人生的使用权。

这一生有这个人身,尽管它有许多功能,但假使不去使用它,功能也无从发挥,生命还是一样不断消耗。日子一天天的逝去,寿命总有完尽的一天,因此佛教徒做晚课时,都会念到一段经文:"是日已过,命亦随减,如少水鱼,斯有何乐?"这就是在警惕我们"当勤精进,慎勿放逸"。

这段经文的意思是说,人生就像一条鱼,人的寿命则

像大缸里的水。但这大缸却有漏洞，水一滴一滴的流失，如同我们的寿命随着时间逝去而减少。每过一天，就像鱼缸内的水漏掉一部分，直到漏尽。然而，鱼在水中游呀游，丝毫不觉水在漏失；就像许多人活在世间，也未察觉一天过去后，寿命便减少了一日一般。

我常听年轻朋友说："我今年十九岁，明年二十岁。"其实这种"多加一岁"的算法是错的，人生应该要倒算，若有倒算的观念，就会变得很积极。所以，假如一个人的生命有七十年的话，当他出生时，就是七十岁；过了一年后，只剩六十九岁，如此逐年递减，就是倒算的人生。

寿命若是采用逐年增加的算法，往往会产生"今天没做，明天再来做"的想法。其实，明天做是发挥明天的功能，而不是今天的功能。今天不用，等于今天的时间白白浪费了。因此，大家一定要好好发挥人生的使用权。

人生变积极的窍门：对时间采用"递减法"的倒算方式，就会把握时间，积极做事。

因为昨天,今天才能延续

人生,总是生活在过去、现在、未来。时间若拉长了说,就是过去生、现在生、未来生;若短一点来说,是上个月、这个月、下个月;再短就是昨天、今天、明天;再来则是前一秒、这一秒、下一秒。

时间不论长短,看似都有过去、现在、未来。可是,真有过去、现在、未来吗?其实,这只是过程的代名词罢了。分秒不停的过去,哪有什么"现在"呢?但对世间人来说,"现在"的确对未来很重要。有一句话说:"明天要比今天好!"人人都希望明天比今天更好,若真的希望明天比今天好,就要好好把握现在,不要蹉跎今日。

在静思精舍里,每天早上都有志工早会,志工们会上台分享许多感人的事迹,但所说的都已是昨天的事——因为有昨天,今天才能延续。昨天就是"当时的现在",当时若没做好,今天就无法说昨天的事。

比如慈济每月一次的发放日,这一天总有很感人的场面,尤其若有大专青年在此服务,场面更是温馨。年轻人对阿公阿婆、孤儿寡妇都非常殷勤的招呼;扶老人去洗头、帮阿公刮胡子,并看看老人家是否需要修剪指甲。年轻人知道老人的指甲又厚又硬,一般的指甲刀剪不动,就用特殊的指甲剪为老人服务。他们把老人家的脚抬起来放在膝盖上,虽然有些老人的脚很脏,他们还是一样轻柔地为老人修剪,这个画面实在非常温馨感人。

又例如,年轻人帮阿公刮胡子时,老阿公的脸坑坑洞洞的,他们就请阿公把脸庞鼓起来。老人很合作,用舌头把脸颊挺起,尽管如此做,凹洞仍然很多,但年轻人聚精会神地刮,就像在雕刻一件精美的作品一般。有些阿婆的头发很乱,女同学们也仔细地为她们梳理,将每根头发都整理得服服帖帖。凡此种种,完全是大家庭里享受天伦之乐的景象!

我期待人人都能把握现在,只有"现在"踏实地付出,才有"昨天"美丽的境界可描述。"现在"若是懈怠空过,日后回顾时,就没什么可以与人分享的了。

许多人把希望寄托在明天,其实明天是空洞的。佛陀说人命在呼吸间,这一秒钟在呼吸,下一秒钟是否还能继续,实在难以预料。因此,怎能期待明天、明年,甚至下辈子呢?我们若能好好把握"今天",自然会有"昨天"美丽的回忆,也能期待灿烂的未来。

创造美丽回忆的窍门: 不想明日,不恋昨日,把握现在,踏实付出。

不思前、不想后的人生

我们平时经常会疏忽掉当下的自己,往往都是犯错后,才想到:"啊!我错了!""当时假如不说那句话,现在心里就不会这么难过了。"更常见在考试过后,看到分数不理想,才后悔地想着:"只差一题没写到,明明就想写,怎么会一时紧张而没写呢?""对了,因为我在想那件事!要是当时不去想,这题写上去就满分了。"有人则根本是因为平时贪玩不用功,一颗心静不下来,以致考试时心慌意乱,错误连连。

为什么生活中会有这么多"后悔"的事?那是因为事件发生的当下,我们忘记了分秒间的自己,心念没有照顾好,以致做出错误的动作,造成接踵而至的悔恨。

恶性循环之下,成就愈来愈少,对自己的表现也愈来愈不满,更一直陷在过去的错误记忆中——就差那么一点时间、就差那么一个念头,就是那句不适当的话、那个不妥当的举动。于是我们的心,常常在后悔当中。心,如果一直停留在过去的错误中,现在也会迷失了当下、此刻。

有的人虽然不想过去,却一直幻想未来。想到毕业后,首先从总经理做起,两年后要当董事长;担任董事长以后,除了兴建一栋栋大楼,还要把业务拓展到国外……这种对未来一味空想的人,也会迷失了现在。

因此,不要回忆过去,过去的已经过去了;也不要一味空想未来,最重要的是把握"现在"。佛家讲"因果",人常常造迷失的因,得到的就是迷失的果。如是因、如是果、如是感受。

所以我喜欢和大家分享"过秒关"的观念——不思前,不想后;过去是杂念,未来是妄想,应当好好把握现在。当下这秒钟、这一刻,若能踏实的度过,自然就不必烦恼了。

> **和"后悔"说拜拜的窍门:** 不思前,不想后,当下一秒踏实过。

分秒即永恒

在慈济世界,有慈济委员、慈诚(慈济男性志工)、慈青、慈少,一棒接一棒地进行爱的接力。不论大专生的慈青或中学生的慈少,人人都在学习如何将爱传下去,如何在人世间扛起净化人心的责任。希望大家不要小看自己,我们每一个人都有这样的责任,也有这样的潜力。

当年,我很年轻就出家了。虽然年轻,但那时候就会思考一个人在人间的价值观——是平凡地为了自己的生活而工作,或是为服务普天下人而付出?虽然那时我还很年轻,但思考了很多很多。

后来我想通了,因为人生无常,在短暂无常的人生中,我们应该要把握,将每一分、每一秒都变成永恒的人生。如何创造分秒永恒的人生,希望各位年轻菩萨要多用一点心去思考。慈济有两句话:"福田一方邀天下善士,心莲万

蕊造慈济世界。"期待每个人都能发心,发一个当好农夫耕耘众生福田的心!每一个人都有无限量的能力,所以不要轻视自己,也不要浪费任何一秒钟的时间。希望人人都能将这份爱的清流,不断不断地流传下去。

让分秒变永恒的窍门:不轻己灵,发挥潜能,把握分秒传大爱。

珍惜三间：时间、空间、人与人之间

青春就是福，不过，青春不要留白，应该在人群中真正发挥美丽的光辉，所以大家要慎选人生的方向，对世间有所贡献，选对之后，就要立志、立愿去行动。

我常说"时间、空间、人与人之间"，请大家要好好珍惜这三间。

先说时间，大家都知道要珍惜时间，因为年轻不再来。我也曾经年轻过，但现在回不去了。时间可以成就学业、道业，所以时间一定要好好把握、充分利用。

再来是空间。我们要真正的守好空间，不只要守好空间，还要珍惜空间。比如台湾这个空间，我们希望台湾社会变成怎么样的社会，一切都取决于生活在这片土地上的人。

在台湾的人群应该有怎么样的表现，才能让台湾在世界上得到认同、肯定？也就是说,我们应该好好想想,该怎么样利用台湾这个空间,来表达出人与人之间的品质。总之,时间、空间、人与人之间,三者在生活中都不能有距离,也不能分离。

住在台湾的年轻人很有福,有安定的环境,有充分的读书机会。若是知福,就要惜福喔！这是我对年轻朋友的期待。

> **青春不留白的窍门**：慎选人生方向,立志、立愿在人群中发挥生命光辉。

一生唯一的目标

学生除了寒暑假外,若再加上其他假日,一年当中有将近四个月的休假。这四个月的人生,希望大家不要浪费,应该好好利用时间,生命功能要好好地发挥,才是真正回报父母恩啊!

我们的身体是父精、母血结合而成,因此我常说:"我们每一个人的身体,就是父母亲的遗体。"父母留给我们这个身体,如果能将之奉献给社会,付出功能、发挥良能,就是在报答父母恩。因为你用父母给的身体,去做对社会有益的工作;你所做的一切,都是父母的功德,这就是大孝!

再者,我们若能够付出,心灵同时也能得到清洗,就能净化自己。现在的年轻人太有福了,应该将这一股福气推展到社会上,若能如此,心中定会感受到一份轻安。

如果你们问我:"师父,您这一生追求的目标是什么?"

我一定会回答:"轻安!"

心灵能轻安,人生才自在;心不轻安,就不能自在。不自在的人生,是因为心有惶恐,惶恐的人生是最不幸的。不论有多少钱财放在身边,或占据多高的地位,也无法减轻那一份惶恐的感觉。

期待大家记住我这些话,不论是追求轻安人生,或对父母尽大孝,都是从对社会付出中获得。

> **追求轻安人生的窍门:** 善用人身,从事对社会有益的工作。

2 重孝顺

> 孝道不只是在物质上满足父母，更要让父母亲的心灵自我提升。期许大家都能成为父母的希望、社会的希望。

培养一颗柔软心

老一辈的人说"养儿防老",父母一生为子女付出,唯一的期待就是年老时,能有儿孙在身边嘘寒问暖。然而,在现代社会,我们听见的却是相反的情况,有人生养了十个、八个孩子,个个事业成功,但是当父母需要的时候,他们在哪里呢?

虽然许多人都感叹孝道日衰,不过在慈济医院却有一位青年,脸上始终带着笑容,很温柔、细心地照顾着父亲。他五岁的时候,母亲就往生了,所以父亲住院期间,都是由他一人照料。

志工问他,每天都来医院照顾父亲,工作怎么办?他表示父亲为了养育他,一生辛苦工作,现在有了病痛,做子女的理应尽心尽力回馈照顾。因此他说:"不要紧,工作再找就有,但父亲只有一个!"

医院里的青年孝心动人,同样的,许多选修慈济人文

课程的大专学子，爱心也一样动人。

现在许多大专院校，会在校内开设慈济人文的通识课程，这些选修慈济人文课程的同学，都很乐意走出课堂，参与志工服务。不论是做资源回收或关怀荣家长者，甚至也帮老人家洗澡。同学们从志工服务中，了解了不同的人生境遇，感受到助人的慈悲心，体会到放下身段的柔软心，也沉浸在"甘愿做、欢喜受"的氛围中。

我常说："信己无私，信人有爱。"每个人心中都有爱，只要让他体验或看到人生的苦难，心中的这份爱自然就会启发出来，进而真诚地付出。若大家都能启发纯真的爱心，为社会付出自己的力量，并以这份爱心和力量来感恩父母的养育恩情，就不会动不动为感情自杀，或是因为学业或人际关系上的小小挫折而毁人自伤。

期待同学们都能走在正确的人生道路上，成为父母的希望、社会的希望，请大家多用心。

启发爱心的窍门：关心苦难，投入关怀，见苦知福，爱心就会日渐充盈。

得了"缺爱症",怎么办?

每一次同学们到慈济医院做志工时,不论是慈青或慈少,他们的分享总是令我感动。

譬如,有一位学生说他在小儿科病房区服务时,看到许多妈妈在照顾自己的小儿女时,总是百般呵护,无微不至的疼爱。这件事让他感觉到:"我小时候生病,妈妈应该也是这样照顾我,原来妈妈这么爱我。"他接着说:"但是平常妈妈在教导我的时候,我都没有给妈妈好脸色看,这样真的很不对。回去后,一定要好好向妈妈忏悔。"

还有一位同学说,慈济团体真可爱,因为一般人都说:"我跟你说,你千万不要去跟别人说;你若跟别人说,不要说是我说的。"但慈济人却是时时说好话,而且还说:"我跟你说,你去跟大家说;你跟别人说时,要说这是师父说的。"

这位同学又说:"我曾听一位慈济人分享:'小学小不孝,中学中不孝,大学大不孝,留学不知孝,因此师父很忧心现代社会孝道式微。'"他到慈济医院做志工时,很用心地观察,发现果然很多案例都是如此。

他说,他看到一位阿公孤单一人,就去和阿公互动。他问:"阿公,要我帮助你什么吗?"阿公回答:"不用,不用,我自己来做就可以了。"这位同学继续和阿公话家常,问到阿公家里还有什么人?

阿公说:"我有四个孩子。"

"四个孩子现在都在哪里?"

阿公回答:"三个在美国,还有一个目前在读博士。但我不要他去美国,因为去一个,没了一个。"

这位同学说:"我深深体会到阿公说'最后这一个不要让他去美国'的心情,因为他的孩子出去留学就不知孝了。若再让最小的孩子去美国的话,阿公就真的变成孤单老人了。"

大家一定要知道"什么是孝道"。读书当然是好事,但也不要忘了台湾的父母。

还有一位同学分享,医师对一位住院的阿伯说他可以出院时,阿伯却很不能接受,焦虑地在医院里走来走去。这位同学感到奇怪,出院是好事,为什么阿伯无法接受呢?

他去跟阿伯互动后,才知道阿伯有十一个孩子,有的在国外留学、有的是老师、有的是律师……都有很好的工作,但十一个孩子却没人要奉养他,所以他觉得家庭不温暖。相反的,他住院的时候,很多志工会来和他说话,也有许多喊他阿公的小志工会来帮他按摩,因此他觉得住院很温馨。

有十一个孩子,却觉得家庭不温暖,这样的人生实在令人感叹。为什么会这样呢?这是因为现代社会只追求"知识",不重视"智慧"的结果。知识是追求功利,智慧则是追求道德、良知;一旦智慧的道德、良知,被知识、学识替代后,这个社会就得了"缺爱症"。

行善、行孝不能等,期待各位年轻菩萨要好好孝顺堂上双亲,因为孝道是人伦至理。行孝之外,也希望大家把握时间多付出,用爱来美化这个世界。唯有人人源源不绝地付出心中大爱,才能治愈社会的缺爱症。

对父母表达孝意的窍门: 常对父母微笑,也是孝顺的方式喔!

家里的上人

只要人人能够照顾、孝顺自己的父母,就不会有青少年问题,也不会有老人问题了。为什么?我们不妨一起来思考,为什么会有青少年问题?就是因为青少年在道德观念上有了断层。

记得从前,阿公、阿嬷将事业传给子女之后,老人家就在家里照顾孙子,因此以前都是三代同堂、四代同堂或五代同堂,一代敬重一代。所以阿太(闽南语,指高曾祖父母)可以管阿祖(曾祖父母),阿祖可以管阿公,阿公可以管阿爸(父亲),阿爸可以管得动孩子,这是从前的家庭形态。

孩子能看到父亲敬重祖父的形态,孙子也能看到祖父敬重曾祖父母的形态,这就是人性自然教育。因此尽管孩子还年幼,却已经知道要敬老,这就是身教——父母亲用尊重长辈的形态来教导他的孩子。

儿时住在清水,那是一个纯朴的乡镇。我在读小学之前，每天晚上，大家都会拿着板凳来到三合院的庭院，包括了婶婆、姨婆……很多的人，总是很悠闲地围绕在一起，聊聊天、讲故事，有时也会有人讲鬼故事。

小孩子听鬼故事时，一开始都坐在最后面，但愈听却愈挤向前。不是因为好听，而是害怕，怕背后会突然出现鬼怪，因此愈挤愈密集。那种感觉，现在想来还感到很温馨。

孩子们听了这些故事后，起码会有因果观念，知道不能做坏事，这可说是一种人性的教育。因此感觉以前阿公、阿嬷讲故事，比现在的教授上德育课，对孩子的品格养成更有效。可见自然的教育最美，自然的教育最圆。

但这种形态是不是已经过去了呢？我想不会过去，我们可以再创造。只要大家不把老人丢在乡下、不让老人孤孤单单，不论到哪里发展事业，都把父母带在身边奉养，如此不但可以尽为人子女的一份孝心，也能做模范给孩子看。

有一次，慈济人到大陆兴化救灾，听到一位灾民在称呼他的父亲时，口口声声都说："我的上人、我的上人。"让人感觉到他对父母那一份敬重的心意,这份文化很雅致。所以,我们对家里的上人也要敬爱、也要感恩,更要身心奉献。

> **同时解决老人问题和青少年问题的窍门:** 孝顺自己的父母,不与父母分隔两地,恢复昔日三代同堂的家庭形态。

什么是孝？

每当寒、暑假，慈青们总会回到花莲参加生活营或是志工服务队。每一次，他们都很有收获。看到孩子有所改变，我真的很开心。而且他们不只在我面前改变，回到家里，父母亲也感受到孩子的变化。

最令人高兴的是，许多孩子都发愿，除了自己要精进外，也发愿要度父母亲进来慈济走菩萨道。

什么是孝？孝道不只是在物质上满足父母的生活，真正的大孝，是引导父母迈向菩萨道，提升人生的价值。

与其等着人家来度化、来拉拔，不如自己成为能度化别人、能拉拔别人的人，这就是引导父母走进菩萨道。若父母能上求佛法，下度众生，就是父母自己真实拥有的功德了。所以真正要报父母恩，除了物质

以外，更要让父母亲的心灵自我提升，这才是真正的大孝。

> **引导父母走进菩萨道的窍门：** 每天和爸爸、妈妈一起观看大爱电视台。

3 顾好心

——心若顾好了，身体就不会做错事，嘴巴就不会说错话。一个人不说错话也不做错事，就是一个能自爱的人。

爱心——爱好自己的心

今天的我,要比昨天的我更成长、更有成就,因为人间有学不完的学问,最好是苟日新,日日新,又日新。每一天、每一刻遇到的人与事,就像我们在走路一般,应该注意的是将每一寸的路走好,将每一步的脚步踏稳,要如此,一定要把心照顾好。

我常说:"修行要具足爱心。"什么是爱心?就是反观自性,顾好自己的心。自己的心假如照顾好,今天就会比昨天更成长,人生会更好,也会更惜福、惜缘,更懂事。

此外,还要培养"三无的心"——天下无我不爱的人,天下无我不信任的人,天下无我不能原谅的人。假如每天都能用"三无的心"去面对人、事、物,即使短时间内还未达到"天下没有我不爱的人"的境界,至少已经懂得去爱人。

懂得去爱别人,别人才会爱我们;能信任别人,别人才会信任我们；知道要原谅别人，别人才会原谅我们。总之，人生的人、事、物都是相对的，自己要先做到，才能影响别人也做到。我们不要一味要求别人，应该尽量要求自己付出。

> **具足爱心的窍门：** 反观自性，顾好己心，就是爱好自己的心。

人生不脱轨

生活，是要为未来的人间增进福利而有意义地活呢，或仅是为了一己的生活而活呢？有的人平常未去思考"我生来要做什么？""我活在世间有什么价值？"这样的人生实在很悲哀；但更悲哀的人生是由不得自己，让自己被不好的环境拉进去。

为了明白自己的人生方向，所以要接受教育，老师就是启发学生人生方向的人。从小学、中学至大学，老师"教"我们，将正确的人生理念传"授"给我们，所以我们称老师为"教授"。

相对于老师的教授，做学生的则必须受教，老师教的，要好好地接受。能接受，对人生方向很明朗，就不怕社会乱象丛生。

良师所指引的，虽然是一条明朗的道路，但自己的心也一定要把握得住。若自己的心抓不住，很容易被引入歧

途。所以我常说，老师引导学生，这个"导"字，是指出一条路，但下面还有一个"寸"。这个意思是，老师虽然已经指引你一条路，但方寸之间必须自己好好拿捏，若分寸没拿捏好，也会脱轨喔！

所以，孩子们，读书以外，还要学习如何建立爱。人生最有价值的，就是爱。没有爱的人生，实在太孤单了。老师教你们知识，慈济则是教你们启发爱心。有知识、有爱心，将来在社会就是有良能、有智慧的人。

> **人生不脱轨的窍门**：方寸拿捏好，用爱走正道，人生不脱轨。

你是聪明还是智慧？

从前为了兴建慈济医院，我会到台湾西部的大医院去访问，了解医院运作的种种事项。有时院方的人会对我说："法师，我们有慈济毕业的护理人员在这里工作。"

我就问他们："慈济的学生怎么样啊？"

他们回答："不一样就是不一样。"

我接着问："哪里不一样？"

他们说："笑容不一样，每一位的笑容都是发自内心。"

我听到后，感到很安慰。这表示他们的爱是发自内心，因此无怨无悔地在照顾患者，所以做再多的事，也不会埋怨；与同事相处，也不会计较，脸上常常挂着真诚的笑容。这就是慈济的学生不一样的地方，也是慈济的教育目标。

一般学校聘请老师来教育学生，是为了让学生得到常识,教导学生具有谋生的功能;但在慈济的学校,我们以灌输学生智慧与发挥人生良能为主。我们以宗教的智慧,来转变学生学习的常识;我们用佛教徒最诚恳的爱所发挥的良能,来转动学生的功能。

那么,智慧与常识有什么不同?良能与功能又有什么差异呢?

常识是聪明与知识,一般人若只有常识,心里容易产生计较,而且聪明、常识不一定能利益人群。相信大家都听过"智慧型犯罪",我要对大家说,智慧绝对不会犯罪。智慧是佛心,是最高超、最清净的,所以绝对不会犯错。因此,不应该说智慧型的犯罪,应该说是"聪明型的犯罪"。

所谓的"聪明",稍一偏差,很容易有污染的欲心,有了污染的爱,因此会为了利己而伤人,这就是聪明。慈济希望能透过教育,让青少年转常识的聪明为智慧。智慧是不计较的,智慧是只问付出,有智慧的人懂得志愿奉献人群。

良能是无怨无悔,知道奉献人群是他的人生目标;功能则只是为了生活而上班。上班打卡只求能赶上时间就好,下班打卡则是时间一到就争先恐后,赶紧打了卡就要离开。这种人在学校学得常识,之后为了生活,不得不上班,这只是勉强具备了功能。

我很希望能将每个人内心的智慧启发出来,让人人知道最幸福的人,就是身体健康、有力量能够付出给人群的人,这才是人生的价值。

> **一定要幸福的窍门:** 对事不计较,与人不比较,就是幸福的人生。

发挥"纳米良能"

佛陀告诉我们要顾好自己的心,心如果顾好了,身体就不会做错事,嘴巴就不会说错话。一个人不说错话也不做错事,就是一个能自爱的人。能够自爱的人,就能去爱人。

自爱爱人,从自己开始而延伸至家庭、社区、社会,乃至普天之下。

一切都是从自己的一念心开始,有了这一念心,我们就能用爱来爱自己、爱天下苍生。

什么是爱自己?就是不做错事。

什么是尊重自己?就是不说错话。

一个能尊重自己的人,也会被别人所尊重;一个令人尊重的人,也一定是为人群付出的人。

要为人群付出,一定要打开心胸,走出自我,这也就是我常说的微尘人生——要像微尘那般缩

小自己,也要像微尘那般无处不在,才能发挥出纳米良能。

> **自爱自重的窍门:** 不做错事,自爱人爱;不说错话,自重人重。

真正的静

现在的社会非常不安,除了青少年无法好好接受父母管教、不循规蹈矩之外,有些青少女也很难定静下来,甚至有少女犯罪集团。世间不应该有的事态,现在一一出现。

据调查,那些女孩的家境都不错,但她们的心却不自我约束。虽有良好的家庭环境,父母也让她们接受很好的教育,但她们却偏偏在外面胡乱作为。因此,许多人都说这个社会真的生病了。

这些青少年、青少女为什么会做出令人担心的举动呢?为什么会掉入让人迷失的境界呢?其实,一切的境界完全是由自己的心所造作。

我常说,人的一生不能离开修行——"修"是修心养性,"行"是端正行为。既然我们要修行,即应以自心来开创美好的境界,排除烦恼。只要不去接受是非烦恼,将自我管束好，这也就是"禅寂"的境界。

禅，不一定静坐才是禅；静，也不是完全没有声音才是静。其实，世间分秒之间，没有一个时刻没声音，没有一个时刻不在动摇，所以大家一定要自我安心，让自心安静下来。

> **安心的窍门：** 修心养性，端正行为，心就能静、就能安。

十四岁的死刑犯

心是罪恶的根源,但心也是造善的根本,就看你要让它朝什么方向走。曾看过一篇报导,内容说一名美国年轻的死刑犯,行刑时才十八岁,他犯案时,是十四岁。这个少年出生于一个不健康的家庭,父母在他很小的时候就离婚了,他跟着父亲生活。因为父亲是警察,公务繁忙,所以大部分时间,他都是一个人孤独地过日子。

有一天,父亲去上班,他在家很无聊,就拿了一把枪在街上走来走去。那时刚好有一位会计师办完事要搭计程车,这名少年就走向前,用枪押着会计师到无人的地方。接着,他又用移动电话联络他的朋友,两人共同追问会计师的住址,想问出他的金库在哪里?但会计师不肯说。时间拖久了,少年按捺不住,竟然用枪对着会计师的头部,连开数枪……

几天后,这名少年被捕,因为和他一起犯案的朋友去报案了；不久后，他就被宣判死刑。宣布死刑那天，正好是他十四岁的生日。

这就是心的作用。年纪轻轻的少年时期，应该是念书的年龄，他不但不去上学，还闲得无聊到外面晃荡，而且竟然可以轻易取到枪支，可见那是多么自由的社会。但太过自由，犯罪的机会也增多，因为那样的自由对个人的心和行为并没有约束。那位青少年在狱中四年的时间，被困在铁笼里，动弹不得。最后，年纪轻轻的就丧失了性命。想想，大好的生命，因为用错方向，害了自己一辈子，多可惜呀！

> **得到真正自由的窍门**：把心规范好，行为合乎规矩，才能享有真正的自由。

一个沉迷网络的女孩

我看过一则新闻,一位就学中的十七岁女孩,天天都在打电脑。她的父亲不知道她究竟是为了功课而上网,还是为了什么目的而使用电脑。

有一天晚上十一点多,一个男人送她回家;隔天清晨五点多,她出门后就没再回来。女孩的父母非常担心,一直打听女儿的下落。后来才知道,他们的女儿在网络上交到一位网友,在网友怂恿下,离家出走和网友出游。

现在的年轻人沉迷在电脑、网咖、网友中,因为网络的迷思,不知道造成多少青少年心灵失调,不知道让多少家庭的父母心痛、担忧,这的确是时代的不幸。虽然科技很发达,虽然电脑很方便,但不知道它会为人类带来多少灾难——尤其是心灵的灾难。

时代虽然不断在进步,但美中总是有不足,总是会有失调。如何才能在进步中不失调,让各部分都能均衡发展？唯有一个办法，就是"心灵调整"。假如人人懂得照顾好自己的心，让心灵均衡，人生就会很完美。

摆脱成为网奴的窍门：常到户外看山水，多与亲友聊聊天，假日快乐做志工！

如何去除占有心？

世间人的占有心很强，即使是同父母所生的兄弟姊妹，对父母也会有占有欲。例如，哥哥可能认为爸爸比较爱弟弟、比较疼妹妹，所以他会吃醋，于是对父母生起一份"反弹"的心态。连如此单纯的亲情，也会有"占有爱"。

其次，现在有一些青少年为了要引人注意，就故意反弹或反抗，做些很奇怪的动作。为什么呢？因为他认为："你们都不理我，我就故意要让你们注意我。"这就是吃醋，也是"占有心"。

为什么会这样？因为"爱有所占"。为了占有，因此污染了他的心。原本清净、可爱的心被污染后，使他的人生也不得清净了。

人生之所以不得清净，是由心地的猥亵而来；心被污染了，才会表现于形貌。有了这种不好的形态后，行为又和心灵彼此刺激，导致本来单纯清新的人生变得自暴自弃。因为内心有了烦恼，变得不懂自爱；不懂自爱之后，周遭的生活就散漫掉了，因而产生一连串的毛病。

娑婆世界的众生摆脱不开私情和小爱，因此占有心强烈，导致人心污浊不堪。我们若要把秽土变净土，一定要"拉长情，扩大爱"。佛菩萨就是因为拉长情，才有办法发挥大爱。"长情"是指"觉有情"——觉悟的有情。觉悟的有情已经知道人生是苦，也知道苦从"执"而来。因为有了执著，才有种种的人我是非。

总之，人只要有占有心，就会产生种种痛苦，甚至因而犯下重大暴行。尤其是血气方刚的年轻人，可能会因一时冲动而做了终身追悔的罪行。要去除占有心，一定要将小爱化为大爱，将私情变成长情，唯有"拉长情，扩大爱"，我们的人生才会光明、亮丽。

> **人生光明的窍门**：去除占有心，小爱化大爱，私情变长情，人生现光明。

走过贫穷路

我在关心青少年心灵的过程中,发现许多青少年都是心随境转,家境不好就忧郁自卑;所追求的欲望无法达到,就埋怨不平。这种心态,造成人际隔阂,很难与社会和谐相处。

但是也有处在困境家庭中的孩子,却坚持自立。例如,就读慈济大学医学系的白同学,就是这样一位勇敢自立的学生。她从国中起,就一直以奖学金和打工的工资来支付自己的学费。虽然慈大校方表示愿意帮助她,但是她很有志气地说,要靠自己的力量完成学业。

她很小的时候,父亲往生,妈妈受不了丧夫之痛,因而罹患精神疾病,一直住在疗养院中,因此叔叔收养了她。当她十几岁,知道自己的身世后,一开始不太能接受,不过最后,她想通了。她感恩叔叔这样爱她、疼她,比起别的孩子,她更为幸福。

在慈大读书期间,她只要放假,就会搭夜车到台北和妈妈见面,帮妈妈带一些生活用品。她一点都不厌弃妈妈,坦然接受她的环境。

在清寒家庭中奋斗出来的孩子,因为体会到人生的疾苦,反而从小就培养出感恩心、体贴心和爱心,所以将来对社会、人群更能付出。因此,走过贫穷路,未必是件不好的事。

> **培养感恩心的窍门:** 见苦知福,去体会人生疾苦,就能培养感恩心、体贴心和爱心。

4 美人文

「每一位青少年都应该发一个愿——我要解决社会问题,不要制造问题。」

不要掉入"商业陷阱"

年轻人一定要很干净、很自然、很单纯,不要随着潮流飘移。潮流的陷阱,真的很可怕。我认为现在的年轻人很可怜,因为许多孩子都被卷入了"商业陷阱"。比如说,本来女孩子应该留着一头乌溜溜的秀发,但现在很多孩子却将头发削得薄薄的,看起来稀稀疏疏、参差不齐。我很期待所有的年轻人都能像慈青一样,服仪整齐,形象端庄。

记得有一次,慈青到苏州与当地大学生进行文化交流活动,很多人看到女慈青将头发绑成两条辫子,都感到很亲切。

更有一位大陆的男学生来和慈青说:"我觉得你们将头发绑成两条辫子,很有品位,希望我的女朋友也能像你们一样。"

头发整齐不散乱,最能表达出年轻人的纯真形象,可是现在很多女生却都不会整理自己的仪容；一个女孩子不会整理自己的头发，将来如何料理家事呢？男生也一样，有的会把头发留长，有的则染成五花十色。须知相由心生，若要知道一个人的内心是端正或邋遢，看他外在的形态就清楚了。

头发之外，还有服装。时下许多年轻人穿着露背装或各种袒胸露腹的服饰，实在都不好看。其实那些是舞台上服装表演秀穿着的服饰，但现在的年轻人不会分别是非，分不清哪些是真实的生活，哪些是舞台上的台步，草率地就用在自己身上，穿着暴露的衣服走在街道上。

慈济不要这样的文化，慈济要的是"人文"。什么是人文？就是透过为人群付出，而在自己的生命中产生出真正的精华。我们若实际去做，自己的生命真的会亮丽起来。

我们与人面对、互动时，若是尊重对方，自然会穿上适当的服装，表现出尊重对方的形态。不只面对别人时如此，即使是自己一个人、只是面对自己，也要对自己自爱、也要对自己尊敬，而穿着则是表现内心的那一份尊敬。很希望同学们不要一味追逐潮流，不要随着文化飘移而掉入商业陷阱中，希望大家能注重自己的形象，展现出生命品质的人文。

> **表现出尊重形态的窍门**：因应人时地，穿上合适的服装，是尊重他人的表现，也是尊重自己的行为。

问题终结者

虽然很多人担心现今的社会问题,今日社会也的确存在很多问题,但年轻人总是要面对社会,要试着去解决问题、圆融问题,而不是制造问题。

有一次,我看到一位同学的额头上有一道疤痕。我心里第一个想法是:莫非骑机车没戴安全帽,骑车超速撞到的?第二个念头是:当他跟我说:"打……"他下面的话还没说出来,我就在想——会不会是"打架"?后来才听到他说:"打篮球……"可见我的心念比他说话还要快。再听清楚了之后,才知道原来是打篮球受伤的缘故。

我讲这件事是要告诉大家,正因为现在的社会问题多,时下的年轻人才更令长辈们挂心担忧。好比那位额头受伤的同学,才刚说了第一句话的头一个字,我就开始担心即将听到的内容。大家知道吗?很多父母亲都是这样在担心着孩子啊!

大家如果到医院来做志工，在急诊间，可以看到很多父母与家庭长辈担忧难过的表情，因为孩子逞一时之快或逞一时之气，而造成很大的灾难。总之，在医院里可看到多数病人生理之所以苦痛，或心理之所以难过，大多是因为一念之间转不过来所制造的社会问题。

在各种社会问题中，青少年问题可说是相当严重的问题之一。因为社会问题都是人制造出来的，而现今的问题中，多数都属青少年问题——不论是吸毒、飙车、交友情形混乱或夜不归家等等，都是让父母担心的事，也是社会最大的问题所在。

人虽然会制造问题，但也可以解决问题，因此不要轻视自己。每一位青少年应该都要发一个愿——"我要解决社会问题，不要制造问题。"若大家都有这份志气，若每个个体都能将自己照顾好，这样的人多了，合起来就是一种美，就能形成一个很好的团体。一旦解决问题的年轻人多了，能一个影响一个，将制造问题的青少年一一转化成解决问题的人，社会祥和的目标就能在青少年手中完成。

期待大家要有信心，也要多多彼此鼓励，希望年轻人

能真正为社会奉献你们的良能。

> **祥和社会的窍门：** 做一个解决问题的人，不做制造问题的人，并影响同辈朋友一起这样做，社会祥和必定指日可待。

做个好命的孩子

有一次,美国慈济志工陪同慈济人文学校的家长和孩子回精舍寻根。这些孩子中,最小的八岁,最大的才十四岁。

从他们的分享中,我知道小孩子在美国就像在天堂一样。因为有父母亲疼爱、庇护着他们,一切都是父母侍候得好好的。许多孩子即使到了十四五岁,仍然连洗碗都不会,遑论其他家事。

这样是好命吗?不是。

人生世间,应该要发挥出人生的功能——不只发挥功能,还要付出良能。人生在舞台上的角色委实变化多端,即使小时候被呵护得很好,但人生无常,谁知道将来会如何。假如小时候没有好好训练,得以发挥本能、付出良能,待本能与良能都失调时,日后就会很辛苦。所以应该从小培养孩子的功能,启发他们的良能。

孩子在受教的过程中,绝不能有"父母生育我,就应该为我服务"这样的想法;反而应该知恩、感恩,知福、惜福,更重要的是要努力造福人群,也就是要懂得"再造福",以此回报父母恩。这些都是做人最根本的道理。

所以美国慈济人文学校的孩子回精舍寻根那几天,慈济人很用心地训练他们生活规矩和日常作息,让他们清楚自己一天的时间中,什么时候要做什么工作。

比如一早起床,一定是先将床铺整理干净、棉被折整齐;之后盥洗、梳理仪容。女孩子将头发梳得干干净净,衣服穿得整整齐齐;男生也一样。

听说这群小孩子要回来前,有的人心里也会挣扎,因为怕不会洗碗、不会洗衣服,所以不太想来。但后来在精舍时,发现自己居然也会洗碗、洗衣服,因此很开心。做了后,感觉到开心,这就是好命的孩子。

所以不要怕,一个人到了某一个阶段后,只要有适当的环境,大家互相启发、互相陪伴,本身的功能自然可以发挥出来。他们来到台湾,不但将功能启发,还增加了他们的潜能,让生活更充实、更欢喜。在这当中也启发了他们知恩、报恩的观念和行为。一个懂得知恩、报恩，知福、惜福、再造福的孩子，一定是个好命的孩子。

> **成为好命孩子的窍门：** 会做家事，懂得知恩、报恩，知福、惜福、再造福。

心中常有一句好话

记得慈济曾举办过"尊重生命"的活动,当时邀请了香港和台湾的影视明星在台湾举办义演、义卖活动。活动结束之后,明星来到花莲静思精舍与我见面。

在他们来的前一天,刚巧慈济技术学院的老师带学生回来精舍,我就对同学们说:"明天有一群明星要去看你们喔!"学生听了都非常开心。可见明星的星光能照亮青少年的心,所以慈济邀请影视明星一起参与"尊重生命"的活动。

那个活动的目的,是希望能教育年轻人,让年轻人在无形、有形当中,人人都能接受好的理念,让他们的心中都能有一句好话。心中假如常存一句好话,就能时时警惕自己。

我很希望能真正将年轻人的心净化,让每个年轻人都迈向光明的道路。那次举办的活动，就是期待透过明星的星光，自然地引燃年轻人的心光。如果每位年轻人心中都有好话，不但年轻的心能净化，也能影响同侪，进而影响社会。

> **净化年轻心灵的窍门：**心中常存一句好话，时时警惕自己，年轻的心就能得到净化。

我做到了耶!

曾经有一位国小五年级的男同学,因为老师天天对他们说静思语,所以许多静思语他都能背诵。其中有一句是:"做坏事不能多我一人,做好事不能少我一人。"这位同学牢牢地将这句话记在心里。

过去他尚未接触静思语时,放学后,常常和同学到电动玩具店打电动;可是,老师教导静思语以后,他就改了!

有一天,一念之差,他放学后,又和同学一起来到电动玩具店。当他一脚跨过门槛时,突然间,想起静思语:"做坏事不能多我一人,做好事不能少我一人。"马上将脚步收回来,回过头开始跑,跑呀!跑呀!一口气跑回家去。

回到家,看到妈妈在煮饭,就问:"妈妈,有没有什么工作要我帮忙?"

妈妈说:"去整理你们的房间。"

他看到弟弟也回来了,就说:"弟弟,我们去整理房间。"

弟弟说:"那么乱,要整理到什么时候?"

哥哥说:"唉呀!甘愿做,欢喜受。"

这也是静思语里的一句话,他立刻说给弟弟听。在兄弟俩合作下,一下子就将房间整理得干干净净了。后来他写了一封信告诉我这件事,并说:"师公,我做到了耶!"

慈济文化曾出版一本《我做到了耶!》,书中的内容都是孩子将静思语落实在生活中的心得,他们真的是符合这句话:"我做到了耶!"做到什么呢?做到"做好事不能少我一人,做坏事不能多我一人",还有"甘愿做,欢喜受"。

只是书里的一句话,因为他时时应用,所以行为不再犯错。现在社会上诱惑青少年的陷阱实在太多了,希望各位同学在日常生活中要将静思语牢牢地放在心中,时时忆念,时时应用,分分秒秒都将心照顾好,如此,心就不会偏差,行为也会更端正。

> **行为不偏差的窍门**:牢记静思语,随时忆念,随处应用,则心不偏差,行为端正。

甜蜜的回忆

我常会回顾自己过去的生活,我一直在想,我有没有年轻过?

老实说,我没有年轻过。为什么?

因为我年轻时的那个年代,民风很保守,家庭教育很严格,所以年轻人讲话不是很自由。比如若有长辈在场,晚辈就不能随便发言。不论对或不对,只要父母说:"你错了。"我都要承认是我错了,并说:"我会改过。"我明明是对的,但我还是要承认我错了,这就是在教育我们"天下无不是的父母"。

其实我心里明白我是对的,父母亲只是观念一时转不过来,等父母念头转过来后,他们心里就会明白,其实是自己错了,不是女儿的错。那时他们就会说:"我女儿很孝顺。"这句话表示父母已经知道谁对谁错了。因为不论对或错,我都会顺从地说"我要改过",所以那时许多人叫我

"孝女"。现在的时代要找孝女似乎很难,不过,我年轻时就很自然。

那个时代若要外出也很困难。例如想去看一场电影,我会在三天前就禀告父母亲,征求同意。

父母若问:"什么片子啊?好不好?"

我回答:"听说很好,可不可以去呢?"

父母若说:"不错的话,你就去吧!"就表示双亲同意我去。

假如父母说:"有多好看吗?"就表示他们不同意,我就不再说话了。

此外,如果父母同意我们去看电影,说好几点钟出门,几点钟回家,一定分秒不能差错。

对大家说这些,是希望让你们了解我年轻时的社会形态。光是想出外看电影都不是很开放、很自由了,遑论是了解社会上的其他事情。还记得那时为了看一本小说,会躲在棉被里偷看。又比如,现在常听到你们说:"师父,我爱你。"这句"我爱你"在以前是不能说的;因为"我爱谁"这种话,在以前若说出来,可是天大的事情。

我年轻的时代就是这样子,虽然你们会感到很古板,但那时候我们却觉得很自然,现在回想起来,也感到很甜蜜。

> **贴近父母心的窍门:** 常听父母谈及他们小时候和年轻时的生活往事,会让亲子之间更亲密喔!

5 入慈济

> 大家做志工付出的同时，应会自我反省——既然都能爱与自己毫无关系的人了，为什么不能爱周遭的人呢？

一日三说慈济

慈济中学的孩子常常有机会当志工，有一个慈济高中的孩子，星期六、日都会回来精舍做志工，周末晚上在精舍住宿、周日早上参加早会。

有一天我讲到举世浊流波涛汹涌，因此很感慨地说："清流怎么那么微弱，其实慈济人劝募，重点是要募心，唯有人人心中清流涌现，才能净化浊流。"我还提起，以前的慈济人一见到人就说慈济，因此每个月拿劝募本回来时，都是用皮箱整箱装回来，因为他的劝募本有一百多本。以前的劝募本，一本可以登记两百户会员，可见这位慈济委员的会员实在不少。

为什么能有这么多会员呢？因为他们不厌其烦，天天看到人就说慈济，但现在的年轻人就比较没办法做到。其实开口劝募，只要去除我相、缩小自己、放下身段，再加上有心，一定可以做得到。

若你心中有慈济，当你和人接触时，就会想对他说慈济。不论对方是否要当会员，也不论他是否要捐钱，我们都应该将"对人说慈济"这件事视为自己的责任和使命。

一天如果对三个人说慈济，只要三人中有一人愿意加入，那你一天就能增加一个会员。而且你若多讲一次慈济事，就有可能救了一个人，也可能得到一颗种子，总之，只要你愿意讲，就有很多的可能性。

我说完后，这个孩子听进去了。他在内心发愿，每天一定要说三次慈济。曾子说"吾日三省吾身"，我们也可以"一日三说慈济"。

他开始做了后，十天之内，已经新增加十几个会员了。他虽然要对人讲慈济，但也知道不能影响功课，所以他学业、志业并进。考大学时，竟然得到双榜首。由此可见，学业、志业不但不冲突，还能平行发展。他现在也加入了大学的慈青社，并仍然天天对三个人说慈济，这就是发心立愿。

> **开口"募心"的窍门**：去除我相、缩小自己、放下身段，再加上有心，一定可以做到。

慈济=教富+济贫

慈济这两个字是什么意思呢？慈是教富，济是济贫。现在的台湾社会在经济上可说很富有，但愈富有却愈没有精神中心，因此秩序日乱、伦常日消，社会乱象日益增多。以教育为例，以前若听到某某人大学毕业，就感觉很稀奇；但现在大学生很多，所以不稀奇了。现在稀奇的是，某某大学生富有爱心、懂得礼仪、孝顺父母、待人和气、平易近人、能投入社会。

可能有人会说："我们现在是学生，哪有时间投入社会呢？"

并不是在上班或发展事业才算投入社会，社会的意思是人群。同学与同学之间是人群，是属于教育的社会。在家庭成员之间，也有家族的社会。总而言之，人与人之间的关系不论远或近，都属于社会的一种；既然身处在社会中，就要建立我们投入社会的基础。

首先，当然是从自己建设起，与家人相待时，要先为兄弟姊妹付出，把手足间的感情组织好；此外还有堂兄弟姊妹、表兄弟姊妹，这些是属于平辈的社会。平辈之外，对上辈的祖父母、父母亲、伯叔姑姨，也应该建立尊重、孝敬的关系，这是上一辈的亲情组织，也属于社会之一。

慈济希望富有人家先从本身做起，然后从家庭开始，再跨出家庭，将人与人的关系建立好，这都是慈，就是教育的意思。要教育别人须先教育自己、教育家庭，再教育周遭的人，让与你接触的人都感到自在快乐。

济是济贫。世间苦难偏多，慈济志工为了苦难人，总是无条件地付出。有一次志工分享一则个案，一位阿婆病了，但她的媳妇却只是每天送两顿饭来给她，慈济委员还去向媳妇说："谢谢你。"媳妇送饭给婆婆吃，本是天经地义，为什么委员要去向她说谢谢呢？因为这位媳妇缺少真心的孝顺。

奉养父母若只是养，真比养猫、养狗还不如，这位媳妇就是这种心态。她一天两顿饭拿来后就搁下，不再管婆婆。因为她缺少孝敬的爱，所以委员除了关怀阿婆以外，还要教育这位媳妇。希望启发她去感受——毫无关系的人都能体贴与感恩，为什么我做不到？

可是世间事很多无可奈何，众生很难体会。我把"众生"与"人生"分得很清楚，真正的人生能体会人情，会想到"你们这样关心我的婆婆，我奉养她是应该的，但你却向我说谢谢，我感到很惭愧"，之后她就会尽心尽力照顾婆婆。然而她竟不知不觉，体会不到慈济人的用心，这种不懂人情的人和众生有什么差别呢？

后来，阿婆往生时，两眼张得很大。家属非常害怕，连门槛都不敢踏进去，只在外面探头看，委员却敢坐在阿婆身边助念。委员说，当她在为阿婆助念时，阿婆的两眼正睁大地看着她，但她不怕、很自在。为什么呢？因为她心中有爱，委员爱阿婆，所以不怕阿婆。

心灵自在是很富有的人生，也是富有爱的菩萨心态。我们拿出体贴的关怀，去做对人生有益的工作，尽量填满对方的空虚缺乏，这就是慈济"济贫"的真义。

"贫"，又是什么意思呢？贫就是缺乏，感到有负担也是贫的一种，因为力量不足，所以感觉负担很重，这也算贫。我将贫分成"贫中之贫"、"富中之贫"两种。富中之贫需要的是精神辅导,贫中之贫除了需要足够的生活物资外,更需要爱心的滋润。

"富"则是力量有余。我们富有爱心,为苦难众生付出,不论多么辛苦,做起来却感到很快乐,这就表示付出时,一点也不感到吃力;不觉得吃力,没有负担,表示力有余,爱有余,智慧有余。

在你们周遭若有人缺少心灵的爱,你们要以身作则,用心做到让他们也能兴起:"年轻人都做得到了,我们岂会做不到?"他若能产生这种心念,原本空虚的心会慢慢吸收到爱,不断不断地吸收,久了,他也会成为一个有爱心的人。

富有的人需要我们教育,贫穷、无力的人需要我们扶持,若每个人的人生都能稳稳地行在善道中,社会就能祥和了。因此希望大家要多投入,不论在功课上和人生中,都是生命智慧的累积。

> **做一个很"优"的学生的窍门:** 富有爱心、懂得礼仪、孝顺父母、待人和气、平易近人、投入社会。

二十年的恨与怨

慈济的好处，就是你投入后，只要用心听、用心看即可。意思是，若能很用心地观察，就会生起警惕心；有了警惕心，就能打开良知心门。这样的人生会由恶转为善，而且转变得很彻底。

曾经有一位慈诚来医院做志工，他为阿公洗澡、刮胡子，付出很多爱心，也得到很大的快乐。但当他为病人付出时，心灵上总有一份惭愧的心。为什么呢？

原来他从事志工服务后，才反省到自己居然能为无亲无故的人，毫无条件去付出，服务他们、爱他们；但为什么心里却一直恨着一个人，而且已经恨了二十年之久，无时无刻恨不得她快快从这个世界消失。二十年来，心结始终打不开，因此很痛苦。

他恨得咬牙切齿的人是谁呢？是他爸爸的姨太太，因为他很爱他妈妈，而他的妈妈就是因为这位姨太太，才一生吃尽苦头,所以他恨这位阿姨。

但他进入慈济后,看到慈济人都能对别人付出爱,而且师父说:"普天之下没有我不爱的人,没有我不信任的人,没有我不原谅的人。"要走入慈济,就要先把这三种心打开——要去爱普天下的人,要信任普天下的人,要原谅普天下的人。

因此他到阿姨家去,一看到阿姨,他喊出第一声的"阿姨!"时,阿姨感到很震惊、很不可思议。因为二十年来,这是他第一次叫她。这位慈诚的心灵也在叫出这一声之后,将郁积了二十年的仇恨之气倾泄一空,代之而起的是一股海阔天空的清凉感觉。

这位慈诚的心路历程,听来实在令人感动。那么,大家是不是都能像他一样呢?是不是都想和他一样得到轻松的感受呢?

心里若有仇恨,只要一想到就会感到痛苦、烦恼。这一番的怨恨愁苦,可能对年轻人来说,还不是很清楚到底怨是什么?恨又长得怎样?不过,我相信大家心里多少会有一些喜欢与讨厌的感觉。

例如看到一位投缘的人,会觉得很高兴,期待能和他常常相处一起；若是提到某位和你打过架、吵骂过的人，可能一听到他的名字，就心里不是滋味。我想这些经验，每个人多少都会有吧！

其实一般人如果看到不喜欢的人被骂，心里大概会觉得痛快，认为他活该；听到自己喜欢的人被骂，则会感到伤心。这就是凡夫心啊！但如果能打开第一道"天下没有我不爱的人"的心门，并且走入爱的心路历程中；走进去后，自己在付出时，就会自我反省——都能去爱与自己毫无关系的人了，为什么不能爱周遭的人呢？看到病人的微笑感到很快乐，因此也会努力让身旁的人能一直看到自己的笑容。

我们今天能有这么活泼的生命，有这么自由的肢体，应该要爱惜，也要知足，如此才是有福的人生。

期待你们都能踏上这条爱的道路，在爱的付出中体会"普天三无"的真谛，为自己开创一个有福的人生。

体会大爱真谛的窍门：投入志工行列，真正打开"天下没有我不爱的人"的心门，就能走入爱的心路历程中。

佛教新血轮

这几年来，看到许多青年陆续投入慈济，不但肯定慈济，也身体力行做慈济。看到佛教有新血轮注入，而且这些新血轮还不断在发挥功能，让我精神上获得很大的信心，也给了我很大的鼓励。

希望人人都能有一个理念——"福田一方邀天下善士，心莲万蕊造慈济世界"。人人的心地好比是一方方的田地，田地一定要整土、撒种、除草、施肥……才能结出好的果实。天下众生心田广远，因此一定要邀请有爱心的人一起从事净化人心的工作，才能耕耘好众生心地的福田。这就是"福田一方邀天下善士"的意思。

什么是"心莲万蕊造慈济世界"呢？在佛教来说，娑婆世界是五浊恶世。"浊"是肮脏之意，五浊就是见浊、烦恼浊、众生浊、命浊、劫浊，其实一切的浊都是由心所造成。虽然生在五浊恶世，但因为我们有慈济的精神，所以不论世间或社会如何的混乱污浊,我们都能自在清净。好比莲花种在污泥里,虽然泥水污秽,却能非常清净地成长。

不论池水多臭,只要莲花一朵朵浮出来,莲花池也会变得清净、美丽。同样的,不论人间如何恶浊,只要有慈济人,世间就能渐渐清净。只要我们勤于将慈济种子在人人心中撒下,相信社会一定能变得很美。

让社会变美的窍门:提起使命感,勤于将慈济种子撒向人人心中。

宇宙人生大学

　　现代社会像个大染缸,形形色色的人物都有,五花十色的事情都会发生,不像学校那样单纯。因此同学在投入社会之前,要先做好准备及学习,而慈济是真的值得年轻人来学习的地方。

　　在慈济,你们可以学习到爱,而且是没有色彩的清水之爱。这份爱,是佛教所说的"无缘大慈,同体大悲"——跟自己无亲无故的人,也要带给他们快乐;给人快乐的同时,自己也很快乐。能够付出快乐的人,就是有福的人,快乐与福是相伴随的。

　　比如,大家若到医院的复健室看看复健中的病人,会发现他们连动一根手指头都很困难,连举起脚来走一步都不能自主。回头看看自己,身体健康,手脚灵活,就知道自己有多幸运!有福的人应该帮助病苦的人,扶他一把,解开他信心不足和颓丧的心情。

为什么你可以帮助他？因为你具有行动自由的良能，所以能发挥身体的使用权。我常说："人生没有所有权，只有使用权。"请大家多用一点心去思考人生有没有所有权？多用一点心去探讨人生的所有权。

但是，有一种很踏实的"使用权"——你想爬楼梯就可以爬楼梯，你要慢跑就可以慢跑，随心所欲，逍遥自在，这就是人生的使用权。有使用权的时候，你可以很自由的去为他们付出；当你付出的时候，对方还没得到快乐，你已经先得到快乐了。所以说，福与乐是一体不分的。

你们是学生，我也是，不过我读的是宇宙人生大学。人生啊！都是一篇篇文章。我想将这个功夫传给你们，让你们也能有同样的体认和心得。在这所宇宙大学就读，一定要好好把握时间，因为每天都好比是一张白纸。当你看到今天这张纸时，你是要让它空空的过去？还是要填上一首很美的诗、一篇很好的文章？

我想大家应该都会利用这张时间的白纸，用心探讨人生。不论是生活中的每个人、每句话、每个动作，这些都是要学的。可以把研究室放在每个脚步、每个动作中，随时

都可以研究人生这门学问。

希望从此刻开始,大家能多用眼睛"听",多用耳朵"看";看见心声,听见真相。彼此相互砥砺,深入宇宙人生大学之中。

> **深入宇宙人生大学的窍门:** 用心在每个脚步、每个动作中,用心在生活中,就能深入宇宙人生大学。

点亮无尽心灯

每次看到慈青举办传灯晚会,我就会想到佛教的典籍中也有一个相应的故事。

持世菩萨有一天在静坐时,有位天人来到他面前说:"菩萨殷勤精进,功德无量,我要供养菩萨。"就带来几位天女,说要供养他。

持世菩萨问:"你带这么多人来,要为我做什么事?"

天人说:"她们可以唱歌给你听、跳舞给你看,还能陪你作乐!"

持世菩萨说:"我是佛陀的弟子,世间的娱乐已不能令我动心,你不该拿世俗的欲乐来引诱修行人。"

天人说:"难得人生啊!为何要脱离欲乐……"

持世菩萨正无法应付时,忽然间,维摩诘居士出现在眼前。对天人说:"持世菩萨不接受,我来接受,你将这些天女献给我吧!"那位天人一见到维摩诘居士,脸色大变,心里很惊慌。

维摩诘居士说:"你是波旬魔王,想利用魔女引诱修行人的心。"魔王眼见身份被拆穿,急着要把魔女带走。但维摩诘居士的法力比魔王强,他将魔女镇住,不能动弹。魔王更加惊恐地挣扎,并说:"大士!请原谅我,以后我不敢再来扰乱修行人的道心!"维摩诘居士说:"你能挣脱就让你走,但这群魔女我要定了!"魔王只好独自一人脱身而去。

此时,维摩诘居士为魔女说法,警惕她们不可再沉迷于五欲中,应好乐佛法,利益一切众生。

魔女听了,觉得菩萨的境界真是清净地,那份欢喜快乐不是魔界的享乐所可比拟,因此很欢喜地住于佛法中。

魔王愈想愈不甘心,又现形要求维摩诘居士让他把魔女带走,结果倒是魔女都不愿意。但维摩诘居士说:"你们回去可以化导同伴。"

魔女问:"要如何在污浊欲乐之中而不受污染?"

维摩诘居士回答:"要以佛法点亮无尽灯。一盏心灯可以点亮无数黯淡的心地,回去之后,赶快把心灯传出去。"

　　魔女们心开意解,对于人世欲乐与菩萨境界之间的差异,已了了分明,因此发愿要以心灯来照亮一切迷茫的人。

　　每次看到慈青传心灯,我就会想起维摩诘居士度魔女的故事。同时也想到,许多慈青和慈少来慈院做志工时,晚上会在精舍住宿。精舍的作息是每天凌晨三点五十分敲板起床,但板声一响,有的同学却挣扎着翻身、起不来。明知时间应分秒必争,要充分利用使用权,但却起不来,这种心态和初发心修行的人很类似。

　　初发心时,不论什么苦都愿意吃,不论环境如何复杂都愿意忍受。但经过一段时间后,内心就会有挣扎。同学们也一样,要来当志工之初,立志不论多辛苦都没关系,但一遇到境界,内心就会挣扎了。修行人难免有气馁之时,何况是同学们呢!

　　不过大家是否想到,若一直不起来,就永远不能进步;最后还是得勇敢地起来,才能继续扮演人生的角色。人生就是这样,往往只要一个动作就能打开心门,继续完成理想。

此外，有些年轻人原本非常好强，但来做志工却必须低声下气地说话，才不会让病人或家属发脾气。志工的服务必须设法维护病房的安静，在医院里又会遇到各式各样的人，因此医院非常需要志工在院内疏导、护持。

这是很辛苦的事。第一要勇敢，第二要耐劳，第三要从内心发出爱，表现于人前。值得高兴的是，这份护法的精神、金刚的毅力和菩萨的爱，都在同学身上显现无遗。我曾听人分享，说活泼的学生志工在病房里称呼老伯为"哥哥"，还帮他刮胡子，让病人忘了病痛之苦。不论是老人或小孩，学生志工都会去照顾。

不过，在医院也看到内心黑暗的人生。有些病人以往的生活，除了吃、喝、玩乐之外，就是睡觉。这种被欲念引诱而无法自主的人生，实在很悲哀，这就是魔。

魔境引诱我们的心，使人浪费金钱、浪费人生，魔无时无刻不在我们生活四周。例如，早上起不来就是"睡魔"在作用。明知要早点起床，才能充分发挥人生功能，却被睡魔控制，爬起来又倒下去。这种无作用的人生，等于是活在魔的境界里，他们内心黑暗，缺少心灯照明。

维摩诘居士所说的"无尽灯"在哪里呢?其实无尽灯在人人内心。我们点亮自己这盏心灯后,接着要以行为、动作去感化内心黑暗的人。希望人人都能点亮无尽灯,并且再传给别人,照亮天下黑暗。请大家多用心呀!

> **推动"佛法生活化,菩萨人间化"的窍门:** 第一要勇敢,第二要耐劳,第三要从内心发出爱,表现于人前。

6 做志工

佛教是一门很深的学问,是与日常生活不分离的教育。

要将很深的学问,化成生活教育。

做志工,就是身体力行佛教的生活教育。

做志工体会人生

大家都知道我是"为佛教,为众生"而建立慈济四大志业。佛教是一门很深的学问,是与日常生活不分离的教育。要将很深的学问,化成生活教育,绝不能只用口说,一定要身体力行,做志工就是身体力行佛教的生活教育。

很多同学来医院做志工,有的人可能是想要来探讨,什么样的人生需要志工帮助?志工是否会选择帮助的对象?对于这类的问题,必须自己深入之后,才能知道答案。这好比看人吃冰淇淋,看他吃得很高兴,一直说:"嗯,很凉、很甜。"我们听他在喊凉呀!甜呀!但却无法体会那种又凉又甜的感觉,只好自己去吃;吃了之后,才知道真正的滋味是什么。

曾有同学分享,他看到一位病人因为车祸住院,结果必须承受十七次开刀之苦。这位病人是因为不遵守交通规则,一时疏忽而造成自己肉体上的破碎、疼痛。幸亏慈院的医护人员很有耐心,历经十余个小时的抢救,终于将他的一双脚救回。

他的肢体断了,医师为他补脚接骨;他的心碎了,志工为他缝补,让他能拾回完整的心。因为病患住院,志工和同学才有机会与之接近,因此所有的病患都值得我们去为他服务。

你们一定常听人说要多看、多学,其实学不是为别人学,而是为了自己。这些常识,你们的课本上没有;甚至当你们在书本上或小说上看到时,可能也会认为那些是虚构的。但你们若来做志工,就能亲自看到形形色色的人生,才知道这些都是真正的人生啊!

俗话说:"不经一事,不长一智。"智慧当在人事中求。期待各位年轻菩萨,多多做志工,以体会人生,增长智慧。

> **增长智能的窍门**:多做志工,用心体会人生,智慧自然增长。

用眼睛"听",用耳朵"看"

现在有许多学生很用心地投入志工行列,而且都做得很欢喜。怎样才是"用心"呢?就是要"眼睛多听"。用眼睛"听"的意思是,要很用心地来看这个人说话的表情,用心看他的一举一动;如果很用心,虽然只是用看的,也能够透视他的心,这就是"他心通"。简单来说,就是用眼睛"听"他的心声。

用眼睛"听"之外,还要用耳朵"看"。意思是,虽然无法看出说话的人究竟实在或不实在;但他说出来的话,到底是发自内心的欢喜而说,或在瞒骗我们?从他的语调和声音中,仍然可以"看"出来。

总而言之,就是要学会用心观察。学生来到医院当志工,不只是为了学常识,更是为了开智慧。智慧从哪儿开?有的修耳根闻——"观听",有的修眼根闻——"观色"。如果能修到观色如同听声,辨音如同看色,这就是真用心,就是打开自己的心眼,开启了智慧。你们真正要用心看事、看人,人与事若能看得明白,分辨得正确,就得智慧了。

> **用眼睛听,用耳朵看的窍门:** 用心观察人与事,就能用眼睛听,用耳朵看。

珍惜生命

我曾看过一则关于日本的报导,提到日本年轻人的自杀率很高。在那一年,有三万四千四百二十七个年轻人自杀。这则报导所说的年轻人是指从十七八岁到二十岁这个年纪的孩子。青春年华的年轻人,他们到底在想什么?为什么那样不珍惜生命?

慈济的志工菩萨,每次到医院,总会看到有些产妇生产的过程非常艰难,甚至有的妈妈为了平安生下孩子而牺牲自己的生命。也有的孩子一生下来就是畸形,更有的还来不及长大就夭折。这种"生"的真实故事非常多。

志工们回去后,常和家里的年轻孩子分享:"你应该去当志工,才懂得珍惜生命。"他们的孩子来医院时,就说:"妈妈叫我来当志工,跟我说生命很可贵,但我不知道生命可贵在哪里?"

我们就会特别让这些年轻志工到小儿科去服务,他们

往往有很多心得可以分享。有的同学说："原来人要被生下来，不是那么容易，这让我了解了妈妈在生我时，是多么的辛苦。而且看到生出来的孩子那么小，今天我能站在这里，身体这么好、这么健康，真的要感恩我的父母！"

之后，再让他们到一般内科的病房区服务，那里的病人大多是罹患慢性病的老人。同学看到很多人不来照顾住院的爸爸、妈妈，分享时会愤愤不平地说："这样实在很不应该，他们都有儿子、女儿、媳妇，为什么不来照顾老人家？"说到后来，他就说："我发愿，将来绝对不让我的父母亲成为孤单老人。"

听了之后感到很安慰，医院不但可以启发人人对生命可贵的体悟，更能让年轻人了解孝道的重要，这些都不是在教室里能学到的。期待各位同学都能投入志工行列，来医院体会人生的道理。

珍惜生命的窍门：到医院当志工，了解生命诞生的历程和辛苦，就会珍惜可贵的生命。

给的傲慢v.s.学的谦卑

每年暑假，除了看到慈青一群一群地来到花莲参加生活营和志工队之外，慈济大学和慈大附中的孩子也一团一团地出队。有的到马来西亚，有的去泰国，还有的则前往大陆，实在很幸福。慈大和慈中的孩子要出门前，都会回来精舍听听行前叮咛。

我问慈大同学："你们这次出去的任务是什么，知道吗？"

他们回答："去做教育志工。"

我说："不要说去做教育志工，应该说要去体验别人的生活，去了解自己的幸福，因此要多深入乡村生活的生态。你们在学校学的是书本上的常识，但出门是去学习人间真实的课程。"

如果一直想着自己是要去做教育志工，去教育别人，心态上就会有"给"的傲慢。所以不要认为自己是去教育，应该说要到当地去学习、去体验自己是幸福的人。若能如此想,心态上则会有"学"的谦卑。

在生活中若能时时保持这一份"学"的谦卑,不论到哪里,一定都能展现出人性的爱与人文的内涵。

> **养成正确服务观的窍门:** 时时保持学习的心态,就会有"学"的谦卑,不会有"给"的傲慢。

洗澡队

有一次,台大有二十多位同学来慈济医院做六天志工。他们的投入,实在非常令人感动。

一开始,他们心里虽然有一点怕怕的——不知道会不会做?不知道会不会害怕接触病人?不过,他们每个人都抱持着一份勇敢的爱而来,这份爱克服了恐惧,让他们勇于付出。

在医院服务那几天,他们看到人生百态,一个个人生形态就是一则则生命故事。看到这些活生生的人生形态,使他们的思想、智慧、力量都得到了成长。

比如,以前他们对阿公、阿嬷很没有耐心,阿公多讲几句话,就觉得阿公啰嗦;阿嬷多关心一些,就认为阿嬷唠叨,根本无法接受老人家的关怀与叮咛。可是他们到慈院服务后,对那些生病的阿公、阿婆,却从内心发出敬爱的心态。

在住院病人中，有的阿公因为生病，很久没有洗澡了，身上有一股很重的臭味。但看到那些阿公，他们很自然地从内心生起一个意念："我要为他清洁身体。"有的阿公胡子很长，他们也借来电动刮胡刀，自动为阿公刮胡子。他们说，这真的要用心。原本又长又脏的胡子，等他们刮好、修好之后，阿公的面貌一新，容光焕发，看得他自己的心都开了。

之后他们又带老人家去洗澡。一位女同学说："我们组织了一个洗澡队，男病人由男生负责，女生就负责阿嬷的部分。"有的阿公、阿婆，你要为他们洗澡，他们还不肯，因为不好意思，不敢让人家洗。学生们说，都要拜托他们，还要撒娇，阿公、阿婆才肯让他们洗。

大家可以想象得出，年轻人面对陌生的老人家——可能是很固执、很孤僻的，想要说服他洗澡，那种撒娇该是多么温馨、多么可爱的画面。

服务时间结束后，他们要回台北之前，有一位女同学说："想到那些阿嬷就感到依依不舍。"所以她们回去之前，又利用时间再去看望阿婆。

阿婆看到她们来了，她们也亲热地叫着"阿嬷"。她们不叫阿婆，因为阿婆是普通人叫的，但阿嬷是自己的孙子在叫的，她们自愿做阿婆的孙女。

她们说："阿嬷，我们要回去了。"

"我实在很舍不得你们回去。"

"是啊，我们也很舍不得离开您。阿嬷，现在还有哪里不舒服吗？"

"我的肩膀老是酸痛。"她们就赶快把阿婆的病床摇上来，很体贴地为阿婆捶背。

不久，一位男同学进来。他问："阿嬷，已经有人为您捶背了，您还有哪里痛？"

"嗯，手臂还有一点酸痛。"

"来，我为您捏捏手。"

又过了一会，进来两位同学。对阿婆说："阿嬷，您的背有人捶了，手有人捏了，还有哪里需要我们捏的？"

阿婆说："不然的话，脚捏一捏也好。"两位同学就开始为阿婆捏脚。

在为阿婆捶背的女同学说："阿嬷，您今天这样子很像皇后哪！"

其他同学听到后，立即跪下来说："皇后在上。"

阿婆顿时露出笑容："我今天当了阿嬷，又当了皇后。"欢喜的场面，让病房充满了温馨，像家庭里面阿嬷和孙子亲切的互动。

同学们说，在慈院为阿公、阿婆付出后，就想到自己的阿公、阿嬷，想要赶快回去承欢膝下。过去嫌阿公、阿嬷唠叨，到了医院里借着工作的形态，实实在在启发了自己。所以我常常说，帮助别人其实是辅导自己。

服务老年人的窍门：以尊重敬爱的心，将老人家当做自己的阿公、阿嬷。

洗慈济头

有一次,四位在慈院做志工的同学,因事要先离开,她们来向我告别。其中一位很可爱的同学说:"师公,我今天洗了八个慈济头。"

她在慈院服务病人时,帮八位病人洗头。为什么帮病人洗头说是"洗慈济头"呢?因为她洗得很高兴,她说阿公的头在她手中变得清净,所以她很欢喜;心中常保有一份欢喜心,也是在净化自己的心,她说这就是洗慈济头。因为阿公的头干净了,同学的心也清净了。

心地要清净,必须心中没有任何恶念,并且努力将一朵一朵的莲花在心地中开放出来,这就是人生最美的境界。

请诸位记住,慈济和大家一起"预约人间净土"。人间要成净土,必须人人心中一朵朵的清净莲花盛开,人间净

土才能成就,这是我对各位的期待。

> **清净心地的窍门:** 心中常保有欢喜心,就是在净化自己的心。

大林囡仔仙

——零零二年时,大林慈济医院很流行"囡仔仙"。

——这位囡仔仙是谁?他是一个十二岁名叫黄棕闵的小志工,他很能逗老人开心。

为什么大家叫他囡仔仙呢?原来他利用暑假期间,到大林慈院做志工,走入病房去肤慰病人。

有一次,他看到一位阿嬷愁眉苦脸地躺在床上,他就问阿嬷:

"阿嬷,您怎么了?"

"我不舒服。"

"我来帮您看病好吗?"

"你哪有办法?"

"会啊!我会开药。"

他很大方地把椅子拖到阿嬷床前,说:"来,我帮您把脉。"就把阿嬷的手拉出来,煞有其事地把了一下。"嗯!

我开药,简单三味就好,您吃了后保证有效。第一味要欢喜,第二味快乐,第三味笑眯眯,两碗熬成八份,要耐心熬,要用心吃。"

阿嬷听了后噗哧笑了出来。她一整天都感到欢喜、快乐,看到人都笑眯眯。家人看到阿嬷笑得很开心,也跟着欢喜、放心。隔天他又去病房,阿嬷一看到他就先招呼说:"团仔仙来了,来,来这里坐。"

"阿嬷,您有没有熬药?有没有喝下去?"

"有!"

"昨晚睡得好吗?"

"睡得很好。"

"可见这帖药很有效,您可以安心地继续服用。"

就这样,他到处帮人把脉煮药,真的很有效。名声传出去后,许多人都知道大林慈院有个"团仔仙"。

过了一年后,他开的药升等了。前一年是两碗熬成八份,这一年则是制作成药丸(其实是巧克力)。他会对阿公、阿嬷说:"来,我开这三味,你现在就可以赶快服下。"阿公、阿嬷也会配合着他说:"好,赶快吞下去。"然后就假装做出吞药丸的动作。老人、小孩,玩得很开心。

我常说心开运就通,运通福就来。许多人因为有孩子逗着他们,让他们快乐而忘掉了病痛。逗病人欢喜开心,是志工最好的妙方。

> **让人开心的窍门**:第一要欢喜,第二是快乐,第三笑眯眯。

7 说母语

台湾各族群都有自己的语言,台湾人应该要会说自己的母语。人人都说母语,台湾文化的根才会坚固。

勇敢开口说母语

每当有年轻学子来到慈济医院当志工,我总会勉强同学们学说台语*,才能和一些老年病患沟通。他们刚开始学台语时,有的人会将"师姑"说成"生姑"(台语是"发霉"的意思),把同学说成"茼蒿",虽然引来大家的笑声,不过他们不怕人家笑,很认真地学,因此愈说愈好。

台湾有许多族群,各族群都有自己的语言,台湾人应该要会说自己的母语。做人要有寻根的观念,既然我们的祖先是台湾人,我们就要讲台湾话。将母语说得好,等于为台湾争一口气,因为语言是文化的根,人人都会说母语,台湾文化的根才会坚固,所以我希望他们要讲台语、要学台语。

---

*台语:通常指闽南话。——编者注

同学们利用暑假到慈济医院担任一星期的志工,在这期间,只要有聚会,我就鼓励他们一次又一次的上来分享。

记得他们第一次用台语分享时,大家笑声不断。虽然十句中有六句以上听不懂在讲什么,不过可以猜到是什么内容。那种感觉好像是幼儿园学生在学讲话的气氛,很可爱。第二次分享时,很明显的进步,十句中只剩下三句感觉怪怪的。在第三次分享时,十句中已经有九句能听得分明了。同学们进步神速,代表他们有心学习。

希望大家一定要好好学习母语,勇敢开口说,就算说错了,让大家开怀大笑,这也是一种娱乐,而且让人欢喜,也是有福。

> **强化文化根基的窍门:** 语言是文化的根,人人都会讲母语,台湾文化的根才会坚固。

为什么要说母语？

为什么台湾人要讲母语，我有两个理由。第一，因为母语是父母以上的长辈所使用的语言，所以我们应该要听得懂，而且最好是会讲。第二，母语是台湾语言的文化，也是用来沟通的语言，所以每一代使用母语的人，都有将母语文化传承下去的义务和责任。

我看过有些台湾人到美国留学或定居后，心态上就变得骄傲起来。其实，即使到了美国，也不会变成美国人，因为黄皮肤的颜色不会变白，黑眼珠的颜色不会变蓝，鼻子也不会变高，但他却要用语言来代表自己与美国同化，因此所说的话都是美语。

我认为这样的人，一点价值也没有。我们一定要守在自己的本分上，我们是台湾人，我们的文化既然是讲母语，那么讲母语就是我们的本分。希望大家说母语，并不是要你们不学其他语言。语言是一种感情、多功能沟通的文化交通工具,所以各种语言都可以学,学了只是要用而已,不是要来装饰自己的人格有多高。

国际社会对台湾地区有一种评语:"台湾很富有,但台湾文化很贫穷。"有鉴于此,我们应该好好提升自己的人格文化。但提升人格文化不是自己把架子拉高就好,如果基础文化不扎实,那也没用。

因此,我期待年轻一代的孩子,一定要会听、会说自己的母语,这不但是孝敬长辈的表现,也是传承文化的使命。

传递文化的窍门:要会听、会说自己的母语。

孝、敬、爱老人的方法

记得有一年暑假,二十三位台大同学组织了一个志工队,来慈院一个星期。我和这些同学见面时,就鼓励他们说台语。因为不常讲,所以许多同学一开始都说不清楚。

我希望每个人都能训练会说台语,但并不是不要你们说国语,说国语是很自然的事情。现在的社会普遍使用国语,但台语却已经开始消失了,我相信同学的家里若有阿公、阿嬷的话,可能阿嬷必须去学国语,才能和孙子讲话;阿公如果没有学国语,好像和年轻人就无法沟通了。

我觉得这样的老人实在很可怜!你们知道吗?老人家不论学什么,都比较迟钝了,因为脑细胞会随着年龄的增加而一直磨损掉。慈院院长曾告诉我:"人体内一般的细胞可以新陈代谢,也就是死了还可以再生,唯有脑细胞不能再生,而且每天死掉的脑细胞有十万个。脑细胞一直减少,人

的脑力就会一直衰退。"因此,老人要学东西实在很难。

记得我年轻时学语言,大家都说我的学习能力不错;但近年来很多教授从海外来到精舍,他们有的说英语、有的说日语,我现在想要学习这些语言,才发现学了后面一句,已忘了前面一句,记忆力实在退化得太厉害了。

希望大家要有孝顺的心和爱老人的心,多多来娱乐阿公、阿嬷——不论是自己的阿公、阿嬷,或普天下所有年老的长辈,对他们都要生起一份孝、敬、爱的心。

我们的社会能有今天,都是依靠这些老人年轻时努力奋斗的成果,因为有他们智慧的传授和劳力的建设,我们才有舒服的日子可过,所以不能因为他们年纪大就瞧不起。尊敬并爱护阿公、阿嬷最便捷的方法,就是用母语和他们聊天,让他们用熟悉的语言,尽情说出他们心中的想法,这就是孝、敬、爱老人的表现。

和阿公、阿嬷感情融洽的窍门: 就是用母语和老人家聊天。

多一种语言,多一份方便

语言是人与人之间沟通感情的工具,若多会一种语言,就多一份的方便。

以前我曾听人家说:"讲台语很没面子,没办法表达我的学问有多高。"我听到这句话,真为那位说话者感到不好意思。为什么生在台湾的人,竟认为讲台湾话是没面子的事;那岂不是认为生在台湾,也是一件没面子的事。既然不喜欢台湾,为什么会生活在台湾呢?

其实既来之,则安之,何况台湾的经济发展在世界排行榜中也很优秀;尤其是慈济人,大家若到国际社会中说起台湾慈济,应该很多人都知道。甚至国际人士会说:"嗯!台湾是一个好人密度最高的地方。"既然台湾的好人密度最高,我们就应该感到光荣,所以不要再说讲台语是没面子的事,我们应该以身为台湾人为荣,所以大家要多讲台语。

有的同学可能会觉得自己的台语说不好,会感到不好意思。其实像我这样年纪却还在学国语的,大有人在。例如,我自己的国语也说得不是很好,你们听到我说得不好的话,会笑一下,我就知道我讲错了。

同样的,你们讲台语时若说得不好,也让别人笑一下,这是一种互相的娱乐,也是一种自我警惕,知道自己又讲错了。所以不要怕不好意思,总是要学,希望同学们真的来学好讲台语这件事。

学好台语的窍门: 多说、多听、多问。

8 善人生

作为一个人,怎样才是幸福?
懂得为人群付出的人最幸福,
懂得怀抱感恩心且付出无所求的人更是幸福。

不做草莓做铁珠

人生的希望在少年，父母的希望在儿女。看到了现在的孩子，不知道他们到底在想些什么？为什么人生那样的扭曲？心灵那样的变动？实在是令人担心。到底是什么力量让青少年走向偏差？我想应该是网络、媒体、八卦，让一些年轻人的心的导向，差之毫厘，谬以千里，错得非常离谱。

许多人说现在的年轻人像草莓，外表艳丽，内心脆弱，经不起社会考验；也常听到现在的年轻人说功课压力大。读书真的那么辛苦吗？真的有压力吗？这一切都是观念的问题。

同学们现在所读的书，是自己日后生命的财库。不论父母亲留给自己多少物资，终有消失的一天；唯有一个非常牢固的、别人夺不走的东西，就是学问。学问虽无形，但在求学期间若能很牢固的饱学多闻，就会成为自己一生中的财富。

其实父母为了要供给孩子读书，也是备尝艰辛。但许多孩子不但不懂得感恩，反而认为父母亲给他很大的压力——不但读书压力大，父母给的爱很浓，也让他觉得压力大，所以就跷课、逃家，这样的人生实在非常偏差。

现在的年轻人会成为草莓族，除了年轻人自身的心灵偏差外，我认为也有部分原因是来自现代父母的教养观念不正确所致。比如父母呵护子女过了头，孩子下课回家后，连让他洗个碗筷都舍不得。每次看到现在大学生的双手，纤细柔白，指甲留得尖尖的，两只手看起来虽然很漂亮，但我常说那是最没有价值感的一双手。因为草莓手，碰不得，什么事都不能做，这样的手实在没有用。

相反的，每次看到大爱台"草根菩提"节目中，做环保的阿公、阿嬷的手，就觉得好可爱。那双粗糙、结满了茧的手，多有价值啊！这样的一双手，几十年来，为家庭、为子女、为社会付出许多许多，这才是真正有价值的手。

我常常期待现在的年轻人要像铁珠一样耐磨。

在花莲有一位十九岁的少女，虽然很年轻，却很懂事。

她的阿公中风，爸爸也因为喝了假酒导致脑部病变，好几年来，都是她在照顾，而且她还要打工来维持家庭的经济。才十九岁的孩子，要照顾阿公、爸爸，又要赚钱养家，虽然辛苦，可是她很甘愿。

跟她同龄的孩子，一下班就邀约朋友出去玩，但她即使是刚上完大夜班，回到家来还要整理家务。多可爱的孩子啊！我们疼她、惜她、爱她，这才是真正有价值的人生。

所以不要当个草莓族，应该要当铁珠——耐磨、耐滚、又亮、又滑顺，这是青少年应该接受的磨练。请各位年轻菩萨要看透、想通，负起时代给予的责任，请大家好好努力。

不做草莓做铁珠的窍门： 承担起时代责任，成为耐磨、耐滚、又亮又滑顺的铁珠。

打开幸福门

现在很多大专院校都设有慈青社,这当然是一件值得高兴的事;不过,总感觉同学对于慈青社,似乎进来得很快,但也退转得很快,仿佛慈济是个过道一般。

大学里有各种社团,但慈青社团的经营似乎比较困难,为什么?因为慈青社团要求慈青们守十戒,期待慈青学会付出而无所求。有人认为社团要求太多,因此不愿意加入,加入的也容易退转。

其实,慈青社的要求不多,只是要大家知道做人的规矩,学会生活的礼仪,在团体规律上能整齐一致。为什么会如此要求呢?慈青们懂得生活礼仪,难道只对慈济有好处吗?当然不是,应该是对整个社会都有好处。因为社会的希望在年轻人身上,所以期待大家都能提起那一份使命感。

人生世间，绝不是父母生下我，就应该抚养我、应该让我享受，社会大众应该为我付出，做人不能只是一味要求别人；一味要求别人的人，心灵绝对无法轻安自在。

这种"认为别人应该为我付出"的同学，一开始接触慈青社时，会感觉还不错，因此愿意进来学习、了解。但再继续深入后，发现必须负起责任、承担干部，一旦身心感到辛苦时，就会停滞不前，所以才有进有退。

我觉得这样的人生实在太可惜。作为一个人，怎样才是幸福？懂得为人群付出的人最幸福，懂得怀抱感恩心且付出无所求的人更是幸福。期待每位同学都能提起使命感，创造自己的幸福人生。

说到福，各位年轻菩萨在台湾长大，不论物资或生活环境都很富有，但大家知道自己很有福吗？懂得感恩吗？懂得再造福吗？孩子们，真的要知福、惜福、再造福。不只父母对自己有恩，社会大众对我们也有恩，我们现今丰富的生活物资，都是社会人群分工合作所生产，因此要感念众生恩。

既然有这么多恩惠在自己身上，所以我们也应该要为未来、为众生而付出，自爱是报恩，付出是感恩。假如人人能自爱，父母的心就不会被伤害；行有余力去付出，是真正报众生恩。

期待大家要知恩、报恩，这样的人生才是真正有福的人生。

> **报恩的窍门**：自爱是报恩，付出是感恩，行有余力去付出，就是真正报众生恩。

众生与人生

现在的年轻人都谈民主、谈自由,却几乎不谈法治。古人说:"国有国法,家有家规。"有了规矩,才有真正的自由——我这里所说的自由是指规矩的自由,也就是心灵的自由。

有些人看到修行人,会说:"修行人真可怜,样样都要遵守规矩,没有自由。"其实,他不知道修行人注重的是心灵解脱。也会听到有人说:"我不敢碰触宗教。"我常说没有宗教的人生是脱序的人生,是没有人生轨道的众生。

佛陀倒驾慈航来人间,为的是要救度"众生",佛陀没说要救度"人生",因为人生不需要救度,他要救度的是众生。何谓"众生"? 众是众多之意,生是生命。例如:狗、猪、牛、鸡、鸭,不论是飞的、走的、爬的,不论是四脚、两脚,各式各样的生命都是众生。

佛陀讲道应该是人才听得懂,佛就是要把不像人的人教导到像个人。所以人一生下来，不能没有宗教；只要是人，一定不能离开宗教的精神。"宗"是人生宗旨，"教"是生活教育。人生世间，从孩童时期开始，就需要有人教导怎么走路，怎么端碗、持筷，学习有关"人"的礼仪。

有人会问："走路也要学吗？"不学，怎么会知道要用两脚走呢？我们出生后，若要做个像人的人，就一定要两只脚站好，抬头挺胸，稳稳的一脚踏出去，后面一脚放开后再前进。还有，记得以前小时候，我们拿碗筷的手势一定是龙口含珠、凤头饮水。假如姿势不对，长辈就会骂："没规矩"、"形象不好看"。这就是在成长过程中很自然的学习做人的宗旨、生活的教育。所以宗教这两个字，是每个人一定要有的。

看看每个人，虽然面貌不同，但每张脸一定都是七个孔，眼睛也一定是在眉毛下面，嘴巴一定在鼻子下面，位置并没有脱序。尽管人人脸孔不同，但每张脸都按照一定的规矩，安排得很有次序。这就是在告诉我们，一定要有规矩。

现在社会上正吹起一股一股的邪风，当阵阵邪风吹向心灵还不很健康的青少年时,使得部分青少年改变了他们求学的风气。其实,青少年是社会未来的主人翁,也是社会各阶层的栋梁,我希望大家要好好走端正的路,希望人人都能负起人生使命感,好好往正确的人生道路前进。

> **拥有"人的生活"的窍门**:掌握人生宗旨,学习生活教育,守好人生规矩,就是过着"人"的生活。

网吧 v.s. 捐髓

有一次,我看到一则新闻,主角是两个年轻人,因为他们的生命价值观不同,所以人生的方向也大为不同。

其中一个因为沉迷网吧,连续七天七夜都坐在网吧打电脑,导致蜂窝性组织炎,被人紧急送医。

另一位年轻人是骨髓捐赠者,他接到骨髓捐赠中心通知他配对成功,十分欢喜的告诉父母这件事。父母亲听了后说:"只要你愿意,救人很好啊!"后来父母陪他一起来花莲捐髓。这位捐髓者的工作是电脑工程师,因为工作的关系,每天都是一早就坐在电脑前,直到晚上十一二点。因此他说:"这次捐髓,我准备好好睡上一天一夜。"

这两位年轻人使用的都是电脑,一个是玩到住院,另一个则是发挥生命的功能,成就了社会所需要的智慧工具,甚至还捐出骨髓救人。所以,人生方向一定要正确。

怎样才能确定人生方向呢？多听、多看、多体会、多了解，这些都能帮助我们体悟人生价值。

掌握人生正确方向的窍门：多听、多看、多体会、多了解，能帮助我们体悟人生价值，确定人生方向。

爱的力量最大

在台北,有一位十六岁的少女,虽然还是中学生,但已经加入帮派。不但抽烟,也吸毒、打架。为什么一个青春美丽的少女会沦落至此呢?原来这位少女的妈妈因为工作忙碌,不能一直陪伴她,妈妈感到内疚,常以物质来弥补应该给她的爱。

结果女孩被外面的花花世界引诱了,开始贪玩,也学会了抽烟、喝酒,并加入帮派,渐渐地对老师顶嘴,甚至跷课。妈妈常常接到学校老师的电话,每次内容都离不开"你女儿跟人吵架"、"你女儿抽烟"、"你女儿又跷课了"等。

妈妈认为应该要严厉管教她,因此对她的态度从一开始的顺从,变成常常念她、数落她。没想到妈妈愈严厉,她就愈叛逆,后来连家也不回了,甚至染上赌博、吸毒等恶习,妈妈已经不知道要如何管教这个孩子。

这位少女后来分享时,说那一段时间她很恨、很气妈妈,她认为她都没错,为什么妈妈却一再责骂她,她觉得这个世界欠她太多太多了,所以她用种种激烈的方式来满足自己。

就在妈妈几乎心灰意冷之际,因为少女的姑姑是慈济人,姑姑"设计"了少女来参加慈济亲子营。虽然营队里有善良的同龄伙伴,也有爱心妈妈、老师、慈济委员,大家用很多的爱来包围她;但她一开始时,总表现出不屑、不信任、反抗的态度。虽然如此,慈济人不断地关怀她、包容她,后来她的心开始动摇了。她想:"你们对我的关心到底是假的还是真的?"结果,亲子营结束后,慈济的妈妈们仍常常去关心她。

她看到这一群慈济爸爸、妈妈给她的是真心的爱,终于心动了,顽固、反抗的心态慢慢软化。她相信世间真的有很多人爱她,她并不缺爱啊!于是开始反省:"以前是我错了吗?我应该有错吧!我应该脱离帮派,不要再伤妈妈的心了。"

就在她下定决心脱离帮派时,她的死党正好打电话来。原来是有一名帮派成员被欺负,所以大家邀约她去打

架。决心改变的她去见大姊头说:"我不能跟你们去,过去我们都有错,现在应该回头认真读书才对。"她说完后,不但没有影响大家回头,反而惹来一阵围殴,但她都不还手,因此被打得鼻青脸肿。

回家后,妈妈问她:"怎么会这样?"她说:"骑摩托车被载跌倒。"妈妈送她就医,慈济妈妈们也一直去关怀。从此,她不但戒烟、戒酒,也不再吸毒,还对妈妈说:"妈妈,您也可以像师姑们穿一样的制服,您赶快参加慈济,我陪您。"

从此,她陪着妈妈投入慈济环保志工,也陪妈妈上培训课。一段时日走过来,她不但回到妈妈身边,而且母女相依,情感日浓。

有一天,这对母女上台,孩子很虔诚的对众忏悔。她向妈妈说对不起,也说"我爱您"。当母女在台上拥抱时,台下的人都感动落泪。这都是因为有爱,大家用浓浓密密的爱包围着她,让她得以改变过来。

现在很多父母都用物质来取代应该给孩子的爱,虽然孩子物质丰裕,但还是觉得缺少爱。面对缺爱症的孩子,要用很密、很浓、很大的爱的环境去包围他、弥补他,让他不再感觉缺爱,他自然就会发挥出自己的爱。

现在这位少女不但爱地球,也爱老师、爱妈妈、爱同学,相信未来她会爱世间的一切,所以说"爱的力量最大"。

治疗缺爱症的窍门:用很密、很浓、很大的爱的环境去包围他,让他不再感觉缺爱,他自然就会发挥出自己的爱。

9 明情绪

> 人心都是「人之初，性本善」的「好心」，我们要多利用健康的身体及时行善，好好调理自己的习气。

恶习气出现时

有人说:"人心不同,各如其面。"但我认为应该是"习气不同,各如其面。"

人心都是"人之初,性本善"的"好心",只因习气污染,才渐成瑕疵。因此我们要把握呼吸顺畅之时,多利用行动自由、健康的身体及时行善,并且好好调理自己的习气。

习气不好的人,不论看到什么都觉得不顺眼;听到别人讲的话,也觉得不顺耳,这样的人生实在很苦。如果自己有这种情形的话,必须用心培养耐力、忍力,否则会常常发脾气、与人争执。

当察觉到自己即将发脾气时,应及时忍耐,将这股气吞下去,而且还要消化掉,达到"忍而无忍"的境地。若能如此修习,久而久之就会习惯于善解包容;有了善解包容之心,自然听到、看到的境界都能入耳即顺、见境自在,这正是修行的目标。

一切唯心,要欢喜或生气都在于自心的选择。我们要训练自己能够"转恶缘为善缘",不可因为看人不顺眼而继续连仇结怨。须知看人不顺眼,是因为彼此过去生互结恶因缘的关系;恶因虽已种下,但现在的缘可以改造,因此人与人之间要多结好缘,千万不可于逆缘中再造恶因呀!

缘可造、业不可转。大环境是缘,能结好缘就不会造恶缘;对人微笑是造好境,与人相处要包容,不要排斥。不但声色行动不能有看人不顺眼的举动,内心也不能有看人不顺眼的念头,心中才不会因烦恼而七上八下。

堪忍的世间要住得自在快乐,关键唯在自心。比较天灾人祸连连、饥饿疾病共业的地区,再反观我们福缘聚会的生活,大家应知恩、知福。知恩要报恩,知福要惜福,请大家多用心!

> **对治恶习气的窍门:** 用心培养耐力、忍力,便可改除恶习。

感到愤怒时

有句话说"心净则国土净"。一念心平静,就是心灵的清净,所以佛陀教导我们要时时警惕自心。但是凡夫往往犯了错而不自知,甚至自以为是而产生偏差的言行。

佛陀住世时,有一个小村庄,因为村长性情暴躁,所以村民常私下批评他。这位村长无意间听到了,心中感到很不平——为什么我这么好心对待村民,大家还如此批评我?

村长遂去请示佛陀:"我要怎么做才能改善大家对我的看法?"

佛陀慈祥地说:"如果有人接受你的命令去办一件事时,他的动作慢一点,你会怎么样?"

村长回答:"我会很生气!为什么如此懈怠、做事慢吞吞的。"

佛陀再问:"如果有人听了你的指令,就不顾一切向前直冲,你又觉得如何?"村长说:"我也会不高兴,因为我是领导者,他怎么可以冲到我前面去呢?"

佛陀说:"不论快慢你都不高兴,可知道生气时,自己的形象、说话的语调是什么样子?"

村长冷静地想一想,知道了自己的缺点。便在佛前忏悔:"佛陀,我的缺点就是心量狭窄,欠缺善解、包容,所以常常发脾气,当然说话就很粗暴,露出愤怒的形态,难怪大家在背后批评我是一个暴躁的人。"

佛陀说:"若能将缺点、错误改正,生活中时时以'善解、包容'对待别人,就能改变你的形象,大家也会赞叹你是一个知错能改、性情柔和的人。"村长感恩佛陀教导,回去后便依教奉行了。

人与人之间相处能否和睦,只在于观念问题。如果自己能谨慎,常常用心自我观照、警惕,习气就容易调伏。千万不要认为"这是我的习惯",于是不想去改;也不要想"要改习惯很难",干脆不要改。既然知道错了,就要提起勇气及时改过;而且要发挥毅力,恒持改过的决心,如此,内心就不会被外境所转,也不会常常发脾气。

圣人是"以心转境",凡夫是"心随境转",所以修行最重要的是,时时提高警觉,分秒照顾好这念心。

> **性情变柔和的窍门**:在生活中时时以"善解、包容"对待别人,性情就能变得柔和善顺喔!

说话与听话

人与人不和的原因何在？其实人多意见多，难免会有观念、见解不合之时；若彼此没有包容、善解之心，就会互相排斥，这是人际失和的致命伤。

许多人都知道"慈济四神汤"——知足、感恩、善解、包容。虽然很多人都能琅琅上口，但更希望大家能将"慈济四神汤"落实在日常生活中；不仅用在自己身上，也要用在亲友之间。千万不要因为一点小事就钻牛角尖，一旦陷入观念分歧的漩涡里，往往会对自他造成阻碍。

人与人之间要如何达成良性互动呢？首先，好好讲话与听话是必要的。说话时要用心，要自我期许自己所说的每句话，都是"慧命的养分"；而不是乱倒言语垃圾，四处去污染别人的心灵。

如何听话也很重要。听到好话要吸收应用，将它作为自身慧命的养分；听到不好的话，若能当做警惕，一样能滋

养我们的慧命,所以,听话时也要很用心。不要别人一句无心的话,自己却有心的钻牛角尖,不断认为别人:"你是有意伤害我!"这就是将别人无心的话当做毒素,造成自己心灵的创伤。这将是多么辛苦、烦恼的人生!

建立良好人际关系的窍门: 好好说话,用心听话。

要"理直气和",勿"理直气壮"

与人相处时,除了行为要注意外,也要照顾好自己的声色。什么是声色?声是说话的声音,色是表现出来的脸色和形态。一个人的声色如果很好,即使和人家产生不愉快,也能很快扭转乾坤,再拉回彼此的感情。同样的,父子之间或母女之间的互动,也是一样的道理。

现在有很多青少年会因为自己有理,所以对父母说话时就很大声,而我一直认为应该"理直气和",不要"理直气壮",而且要注意"声色柔和"。说话要说得好,一定要学会沟通技巧、学会圆融、学会声色柔和。即使你是对的,但你的声色若让爸爸、妈妈感到难堪,这样就不圆融了。

因为"理直气壮"而造成亲子间的紧张时,做孩子的若能及时反省,变成"声色柔和",仍然是父母的贴心孩子。可是若太自我了,心里充斥着"我喜欢就好"的念头,于是不好的言语脱口而出、不好的声色表现在形态上,最后一定会悔不当初。所以,大家的心里不要有"我喜欢,有什么不可以"的想法。

做人应该甘愿,做事要敢承担,心甘情愿为人类、为社会,尽自己的一份心去付出。虽然在付出过程中,有时会感到很辛苦,但我们不说苦,而说是"幸福"。期待每一位青少年菩萨都能调整好自己的心态,声色要学习柔和,做人要甘愿付出,勇于承担世间事。

> **说话说得好的窍门:** 学会沟通技巧、学会圆融、学会声色柔和。

遇到人我是非时

凡事不要经常自认委屈,也不要老是爱生气,感恩的话要多说,所谓"赞叹别人就是美化自己";要多自我美化,不要因为一点小事就放在心里煎熬,与人过不去。

以我自己为例,若有不如意的事,过后要我重说一次,我就说不上来,因为我很快就将这些事忘了!

人我是非累积在心中有何用?就如电脑,存档太多容易死机,人我是非就像不必要的垃圾档,要赶快清除。否则常会在别人身上"做记号"——何人曾惹我生气,牢牢记在脑海中。既然常记得对方的缺失,又如何能真正原谅他?

有时别人一句无心的话,你却感到被刺得心里流血,而对方还不知道自己伤了人;所以,不要拿别人的错误来惩罚自己。心胸宽大,自己才能活得快乐,进而帮助别人也活得自在。

> **原谅别人的窍门：**人我是非不放心中，他人缺失不记脑中。

当心里太在意时

有一天,一位慈济委员陪同一对母女来看我。女孩子还是学生,我看她鼻梁上架了一副眼镜,镜片下的双眼看起来很不快乐。委员说这女孩在校成绩优秀,但近来因过于重视学业分数,有忧郁症现象,于是想办休学。

我听了后对这位女同学说:"你的心念完全放在分数高低上,又如何有心思好好用功呢?用功读书是好事,也是学生的本分,但你太在意分数,注意力无法放在书本上,反而更读不好书。凡事只要尽力就好,何况读书是为了自己将来要奉献社会,真才实学才重要,分数高低毋须太执著。心要定下来,一心一意用功就好了。"

女孩子听了后问我:"什么是尽力?"

我回答:"时间不浪费,专心念书就是尽心尽力。若是求好心切,因为太在意分数而胡思乱想,反而把时间都浪费掉了。"

现在许多孩子都说读书压力大,其实学生只要不贪玩,也不胡思乱想,一心在功课上,就能自在过学生的生活。

> **用功念书的窍门:**不浪费时间,专心念书,不胡思乱想,不执著分数。

觉得不快乐时

很多人都说台湾的孩子很幸福,但我认为很多台湾的孩子被爱得很痛苦。我常常听青少年来向我诉说他们的心声,也常常有生活和背景都很优渥的好命母亲,在我面前哭哭啼啼说着孩子的情形。其实听起来也还好,但在这样的妈妈心中却已经是很严重了。

于是我问:"他身体有没有怎么样?"

"没有,很健康。"

"他有没有在外面和人吵架、打架?"

"没有,也是很乖。"

"那你在担心什么?"

"我担心他没有专心读书。"

我问:"他会放逸吗?"

"也不会。"

"那你还在担心什么?"

"怕他在看书时,心没有在书本上。"

这就是一般人常说的"鸡蛋里挑骨头"。现在的孩子就像鸡蛋,鸡蛋里明明只有蛋黄、蛋白,但妈妈却硬要在蛋白、蛋黄里搅拌,想找出一根骨头来。这样的妈妈辛苦不辛苦?孩子辛苦不辛苦?当然辛苦。

为什么现在的孩子,年纪小小的,一碰到什么都说:"压力大、压力大。"最后有的孩子用反抗的方式,让父母亲伤心、生气;更令人不舍的是,会用自残或伤害别人这种很极端的方式,只是为了让父母亲的余生都活在悔恨中。

难怪有的学者或社会人士,看到这样的青少年问题,都会怪罪父母或家庭。当然,也有人会代替父母、家庭喊冤枉,因为他们觉得父母亲已经很用心了,问题是出在孩子身上。

到底是父母的问题还是孩子的问题,综合一下,其实两者都有。但最根本的,还是在于人心。

台湾的孩子为什么不快乐?因为被要求很多。不但父母要求孩子,孩子也会要求父母;不只亲子之间相互要求,其实整个社会都在彼此要求。一味的求、求、求,求不得,自然就苦了。

世间八大苦中,其中一大苦就是"求不得苦"。要求太多,以致感到无法满足,而不满足的人生真的很苦。

要脱离求不得苦,一定要懂得饮用慈济四神汤——知足、感恩、善解、包容。希望慈济的人文,能让人人都接收到,而且人人都能确实应用在生活中。在亲子关系中,若父母亲懂得知足,孩子懂得感恩,亲子关系一定会很和谐。同样的,懂得善解与包容的人生,也一定是最快乐的。

> **快乐的窍门**:常饮用慈济四神汤——知足、感恩、善解、包容。

被误解时

每次慈济人从大陆赈灾回来,都会分享许多当地感人的故事。每次听到大陆青少年或孩子懂理、体贴的故事,我总是特别感动。

慈济曾在大陆河北井陉县援建皆山慈济中学,从一九九九年十一月启用后,为当地的教育带来一片新气象。二零零五年,慈济人到河北发放时,皆山慈济中学的校长也派出五十位老师与五十位学生来协助发放工作。

其中有一位很有爱心的女同学,她看到一个妇人领了很多物资,担心她拿不动,就很自动地去帮她。没想到她一将物资提起,马上被那妇人打了两巴掌。她愣住了,问:"为什么?你为什么打我?"妇人说:"你要来抢我的东西。"

这位女同学虽然被打,但当她听到妇人误会她是来抢物资时，马上回过神来并善解了这件事。她事后分享说："虽然我被打时感到很委屈，不过，听她这么说后，我也知道了这些物资对她而言是多么重要，所以她才会激动的打我两巴掌。"

这位女同学不但一点都没有生气，反而说她从中知道了这个家庭是多么需要这些物资；也从善解中发出感恩心，感恩台湾慈济人给大家这么多。此外，她也感恩慈济在当地援建中学，而且慈济皆山中学已经成为井陉县的重点学校，二零零四年时，该校毕业生悉数考上了好学校，所以她满怀感恩。当我听慈济人分享这位女同学一再感恩并善解时，我真的很感动。

反观台湾的年轻人，我真的很担心。可知台湾有多少父母为年轻人伤心、哭泣，不知道大家是否让父母担心过？你们都知道慈济团体是付出无所求，对于年轻的各位，我一样是无所求。如果要说有所求的话，只是希望你们能为社会负起一份责任。

怎样才是负起这份责任呢？必须在你们的思想与行为上表现出来。思想、行为很重要，我一直赞叹大陆孩子的思想及行为,所以也希望各位能做出台湾青年的好榜样。如果要说我对你们有所求的话,就是这样而已。

化解委屈的窍门: 对事善解,对人感恩。

感到生命没有出口时

每次看到自杀的新闻,心里就为那些自杀的人感到惋惜。其实自杀不是一了百了,而是一了千劫连连啊!做人一定要有因果观念,人生绝不是走极端就能一切消灭。自杀,比杀他人更罪加一等。

自杀虽然是杀自己,但也是杀人——杀了自己这个人身;除了犯下杀人罪业之外,另有一项更重的罪,就是不孝。因为我们的身体来自于父精、母血,损伤了父母的精血,就是不孝。

古籍记载曾子临终前,问他的弟子:"你帮我掀开棉被,看看我的脚,看看我的手,看看我的身体,有没有哪里受毁伤?"

弟子们看了后回答:"您的身体很完整,连皮肤都不曾毁伤。"

曾子说:"父母给我的身体,我保护得很好,我的孝道

齐全了。"

"身体发肤,受之父母,不敢毁伤。"这是儒家的思想;但以佛教来说,要报答父母恩,不只身体要照顾好,行为更要照顾好。一个人如果发菩萨心,行在菩萨道中,则自身过去、未来的父母都会有福,这就是报父母恩。希望人人能了解自爱就是孝,行孝、行善不能等,当你行善的同时,就是在行孝了。

心中若能认清生命价值,就没有渡不过的人生难关。

> **不做生命逃兵的窍门**:认清生命价值,就没有度不过的人生难关。

10 不吸毒

为什么青少年会吸食安非他命？为什么会吸毒？这都是源于心理状态。如果人人自心净化，吸毒的问题也就消失了。

家有吸毒儿

俗话说:"父母疼子长流水。"意思是父母亲疼爱孩子,就像水往下流那般自然,那般源源不绝。可是为人子女者,能够体会父母亲的付出吗?如果孩子走岔了人生路,去打架、杀人、吸毒的话,父母亲究竟是用什么心情在过日子?孩子能体会父母的忧虑、担心于万一吗?

我曾听一位妈妈说她儿子染上毒瘾,精神状态已几近发疯,怎样也压制不下来。每次毒瘾发作时,他甚至连妈妈都打;但等药性退了,他也会说他要改,可是还是一次又一次地吸毒。这位妈妈就这样一次又一次地被欺骗。

妈妈哀伤地对我说,她有两个孩子,老大就是吸毒导致性情丕变,毫无人性,最后跳楼自杀;现在老二又步上哥哥后尘,吸毒已经到失去人性的程度了。妈妈说:"我已经都没有钱了,所有的钱都被他拿去了。可是我不埋怨他把钱拿走,也不埋怨他打我,但我很担心他去伤害别人。他伤害我没关系,如果他伤害别人,我就恨不得他赶快被抓去关,不然死了也好。"

孩子对母亲持续伤害,以至妈妈说出如此的话,我听了也感到很悲哀。

不伤害父母心的窍门: 免除一切偏差行为。

戒毒者的自白

有一次,早会结束后,一位年轻人泪流满面地冲到我跟前,跪了下来。

我说:"你快起来,快起来!"

他说:"师父,我要从内心忏悔,我错了,错得很离谱。"

我问:"你犯什么错呢?"

他说:"我吸毒,已经使体内的五脏六腑败坏殆尽,现在连皮肤也几乎要腐烂了。"

我仔细观察他,发现他的皮肤水肿,毫无弹性,肤色黑中带黄。他说:"我本来希望能回来做三或七天志工,但才来做第一天,就已经忍受不住了。我现在好痛苦,我要赶紧搭飞机回去。"

原来他一直决心要戒毒,但总是改不掉,因而痛苦不已。妈妈带他来做志工,希望他能在此安定身心,没想到才做一天而已,就毒瘾发作。

我对他说："什么都没办法让你改变，唯有你的心。你如果能熬过这段时期，能够承受得住痛苦，就有机会重新开始。"

他回答："我会的！我这次回去后，一定会熬过这个难关。"

我说："不能只是说，要真的身体力行。"

于是他和我约定："希望下次让师父见到我时，不是现在的我了。"

他说话时，显得很急切的样子，我感觉到他的心一刻都无法安静下来，已经是心不由己了。那一天，他就搭飞机回去。

之后，过了一个月，也是志工早会的时间，有一位志工上来分享。他一开口就说："师父可能不认得我了，我这次来做志工，今天已经是第三天了。我第一次来时，身体健康的跟着慈济列车回来寻根。后来，我被坏朋友影响，走入歧途，直到一个月前，我第二次回来精舍，那次是回来做志工。师父应该还记得，那天早上跪在您面前，向您忏悔的那位吸毒者就是我。"

当时我心想:"喔!原来是他。"

他接着说:"上次来做志工时,只做了一天,就因为毒瘾发作而无法继续。那时我很挣扎、很痛苦,不得已只好离开。我当时向师父说过,我一定要回来,我绝对要戒毒。终于,这段时间,被我挣扎着度过了。"

我问:"你是否能说说你的心路历程?"

他说:"苦不堪言!毒瘾发作时,那种痛楚好像是从骨头里钻出来的,皮肤不断起鸡皮疙瘩,眼泪一直流,也一直打呵欠,而且无法控制自己。如果不马上吸食毒品,最好的方法就是撞墙壁,让整个身体撞到血淋淋,只有这样的刺激,才能将身体里的痛苦疏散掉。"

听他描述毒瘾发作的情形,我的心实在很痛。事实上,目前社会上就有许多这种情形存在。

我接着问他:"这三天当志工,你有何感想呢?"

他说:"感受很深。"

原来他第一天在急诊室时,听到救护车的声音,就赶快将急诊病床推出去。从救护车上抱出来的人已经昏迷不醒了。当医师在为病人急救时,他问家属:"他得什么病啊?"家属说:"他平时烟酒不断,现在罹患肺癌,不但肺坏了,肝也坏了。"

当他听到时,只感到心头一惊。他说只是喝酒、抽烟,身体就败坏得如此严重,而他整个体内皆是毒素,不知道他的肝、肺是否也都损坏了?他想到师父一再提倡尊重生命,吸毒,害的是自己。所以他一直自我提醒,一定要戒毒成功。

一念差,千步错,想再回头,要付出很大的代价。这世上绝对没有什么东西吃了后,就可解开心灵上的烦恼。喝酒的人认为酒可以解愁,其实喝了酒之后,是愁上加愁。

吸毒者也一样,虽然一时感到飘飘然,但已经损害了自己的尊严。若再愈陷愈深,会破坏体内器官,更破坏神经系统,这无异是对自己的慢性自杀,实在不值得,而且带给家人愁云惨雾般的伤悲,委实可怜。

现今最重要的是透过教育来净化人心,世上没有不能改的习惯及个人。有人说"山可移,性难改",我们并非要改性,每一个人最真的性是佛性,所以不是要改性,而是要改后天的习气。既然能学到坏的习气,一定也有办法养成

好的习惯,就看大家肯不肯合力来响应。

听到那位戒毒者的分享,虽然毒素已经深入体内,但只要有心,他还是能完全改变自己的生命,重新拥有健康的人生。

所以大家要有信心!还没染上的恶习,要用心预防;已经染上的恶习,要立即戒除。

> **去除坏习气,养成好习惯的窍门**:还没染上的恶习,要用心预防;已经染上的恶习,要立即戒除。

贩毒者的心理

我一直都很担心现在的社会,每一天看到报纸、看到电视的画面,不论是青少年问题、社会安全问题……一切的一切,大多数和贩毒、吸毒有关。有一次我到台北,有慈济委员说:"师父,我们这几天去看了六则个案,其中五个之所以家庭破碎,都和吸毒有关。"

本来是很美满的家庭,但先生在奋斗事业时,不小心染上毒品,这个家庭便慢慢走下坡。父亲吸毒,不仅事业一败涂地,孩子看到父亲的情形,也无法振作起来,就在外面跟人学坏,也跟着吸食安非他命。

这种家庭破碎的情况,我们都能够想象得出来。我长期以来一直呼吁,希望大家多用点心,走入社会,协助改变这种现状。

有毒瘾的人固然很痛苦,但贩毒者的心理也时时在不安与紧张中。不论是走私毒品或枪械,这些都是害人的物品。走私时非常紧张,因为不知道什么时候会被抓到,心一直惶惶不安,实在很痛苦啊!

既然如此,他们为什么还要贩毒呢?这是因为心的动机不纯正,所以身体会做出危害社会的行为。心不正的人,再怎么样也不会自在,再怎么样也不会快乐。

佛陀教导我们,心要面向光明。一个人若心正气盛,不论是白天或半夜,都可以逍遥自在。心能自在,正是佛陀来人间教导我们的目标。

> **心灵自在的窍门:** 心正气盛,面向光明,心灵随时都能逍遥自在。

拒毒，不能少我一人

目前的社会，很多事情都需要重新净化。比如，有的学生为了纾解心中压力，就吸食安非他命；有些人则是贪玩，因结交坏朋友而染上毒品；还有的同学是好胜心强，为了课业能比别人优秀，而想借由吸食安非他命来提神。这一切的一切都是因为愚痴啊！

吸食毒品，刚开始虽然可以提神，但药效过后，不但精神、体力完全消失，而且毒性发作时，根本无法控制自己，伤人毁己，祸患无穷。

提起安非他命的来源，是第二次世界大战时，日本人组织了一支特攻部队。为了让士兵有精神，特攻部队队员一定都要吃安非他命，因为吃下去后，他们就会勇敢地往前冲。那种冲法是已经忘记了自己，不考虑眼前有必死的危险，他们已控制不住自己。

所以这种毒品实在很可怕，不仅会忘了自己，还会产

生一股强大的冲力。除了害自己慢性中毒之外,也很容易侵犯他人。

青少年吸毒问题虽令人担忧,但还有一件让人更忧心的事,就是青少年竟然也组织了贩毒集团,将毒品扩散到各个学园。学生受人利用贩毒,这不仅损害自己,也破坏社会。

社会产生这种现象,我们不可以坐视不顾,一定要走入人群,好好尽我们一份力量来净化社会。

成为拒毒达人的窍门: 善用网络资源,充实防毒知识,一起建构无毒社会。

11 绝非行

——错误的念头一起,要赶紧停止,才不会犯下罪行。
——若一念差、一步错,
要往回走的道路就非常辛苦。

防非止恶

学佛最要紧的是预防错误、停止恶行。防非止恶,是个人修持应有的心态。

日本古代有一则故事——一位英挺强壮的武士,是将军的贴身侍卫,很受重用。由于工作的关系,武士和将军夫人很接近,两人日久生情,瞒着将军偷来暗去。时日一久,将军起了疑心,并在言语之中透露了他的怀疑。于是夫人私下告诉武士:"将军似乎察觉了我们之间的感情……"武士利用一次机会,在旷野无人处刺杀了将军,之后带着夫人逃往他乡。

流浪他乡的日子很坎坷,将军夫人过去生活富足安逸,过不惯贫苦生活,一直向年轻武士抱怨。年轻武士自犯下错误后,常常自我反省,现在又遭到夫人轻视,心中深深地懊悔。

两人在一次吵架后,将军夫人再度红杏出墙,离他而去。青年武士因此大彻大悟，决心往深山觅地修行。他找到一座山，是一个村落通往外界的必经之地，但这条山径经常有落石，会伤及路人；马匹在山路上奔跑时，也很容易坠入悬崖。年轻武士看到这些情形，觉得此地的人生命毫无保障。于是他在山脚下搭个草棚，立愿要挖出一条隧道，以供过往行人安全。决定之后，他就着手开路。

那是一座石山，只凭一个人的力量挖一条隧道，谈何容易！不过，因为过去犯了大错，这次既然立了善愿，他决定坚持到底，要以此来弥补过去的错误。因为已现出家相，所以他白天托钵，晚上挖隧道。风雨无阻，年复一年，时间一下子过了二十八个年头。

二十八年后，将军的儿子路经此地，听说有位出家人在开凿隧道，感动这位出家人能坚持意志二十多年，做的又是如此辛苦的工作，就前去拜会。两人相见时，将军之子觉得出家人很面熟，遂问道："二十八年前，您是否在某某将军府当侍卫？"出家人仔细看看这位年轻人后说："你是将军的孩子。"两人都认出对方的身份了！

将军之子一心一意要为父亲报仇，拔起刀就要杀这位出家人。出家人心里有数,不过,他对将军之子说:"我的过失应该偿还,但是我发愿开出一条隧道,解决此地的交通问题,这是一生永不后悔的事,我一定要把这座山打通。请你给我两年的时间将这件事完成,届时,我一定会将头颅摆在你的面前。"年轻人被他的精神感动,就说:"为了成就你的心愿,我给你两年的时间。"

从此,出家人白天也不去托钵了,夜以继日的工作,不断开凿。将军之子见出家人如此辛苦工作,深受感动,而且等待的时间也很无聊,为了让他早日完成,就自动加入开山的工作。这条隧道,宽三十尺,高二十尺,长度一千尺,在两人通力合作之下,终于在两年之后打通了。

隧道完成后,出家人向将军之子说:"很感谢你等我两年,满了我开隧道的心愿。三十年前,我杀死将军的罪行,一直使我耿耿于怀,我也要感谢你让我这一生有机会偿还。"

出家人说完后,很诚恳地跪在将军之子面前,将当年杀死将军的刀高举起来献给他,请他下手。将军之子接过武士刀,心里非常犹豫。过了一会儿,他将武士刀丢掉,并说:"世间有学生杀老师的道理吗?"

将军之子跪在出家人面前说:"这两年来,您为了村民的交通问题,不惜身体劳苦,付出坚定耐力,让我学习很多。两年时间虽然不长,我却体会到冤冤相报无尽期。您是我的老师,我不可以杀害老师,请您收我为徒。"

从此,师徒共赴心灵净土,另觅深山,继续他们未完成的修行之路。

一般人在起心动念之际,总是容易犯错,但是像故事里的出家人一样懂得悔过的人有多少呢?我常说要防非止恶,错误的念头一起,要赶紧停止,才不会犯下罪行。若一念差、一步错,要往回走的道路就非常辛苦。

防非止恶的窍门: 错误的念头一起,就要赶紧停止,才不会犯下罪行。

自我减压的方法

在生活中,观念若有丝毫偏差,人生方向就会步步走错;但若能矫正过来,则无不都是光明的好人生。

现在许多年轻人沉迷网咖,的确令人担忧。我看过一则有关网咖游民的报导,有一个人迷恋网咖,在里面待了九个月的时间,一切的生活都在网咖那个小圈子里面。

假如把这种定在一个小圈圈的毅力,用在修行、闭关上,应该会很有心得。或假如将这种精神转换一下,让头脑清静一点、清楚一点,好好思考人生方向,我想他的人生应该也是海阔天空。可是,他却把整个心力投入了那小小的框框里,心跟着那些电动游戏在跑,这实在很危险。

我常在媒体报导中看到这种网咖游民或是青少年在网咖玩到脱水而昏倒送医的新闻。为什么年轻人会沉迷在网咖?为什么会迷失在玩乐中?这些孩子的说法是要自我减压——这是年轻人的流行话。他们说压力太大、太重,到网咖就是在自我减压。

孩子们都说读书压力大,但究竟是谁在给他压力呢?其实读书是为了自己,现在的年轻人就是不愿意接受现实的教育过程,因此产生抗拒;有了抗拒的心理才会自我产生压力,所以没有谁给他压力,是他自己排斥而给自己压力。

因为自认压力很大,所以说去网咖是为了减轻压力;更有甚者,还说吃摇头丸可以抗忧郁。孩子们啊!你们可知道这样做,父母亲的心多痛啊!不只是父母心痛,整个社会也都很担忧。有一部分的孩子这样做后,大部分的孩子也会跟着做,这就是年轻人的悲哀,无法面对现实,不能好好踏稳人生的脚步。

人生在青少年阶段的本分是接受教育,所以应该常常以感恩心来面对这样的环境,并且很甘愿地接受教育。假如思考正确,就会很欢喜的接受,也不会有压力了;其实压力都是来自于不愿意,因此会感觉到被压迫。

总而言之,现在许多人都在讲压力,但我认为这纯粹

是看自己愿不愿去面对,看自己怎么样去面对。期待现在的青少年要好好立志,调整好自己的观念,勇于面对现实。

自我减压的窍门:调整自我观念,勇于面对现实,欢喜接受就不会感到有压力。

用爱祥和社会

有一位青年志工分享，他未参加慈济之前，心中充满一股义气。一旦发现社会哪里不公平，或政治有什么缺点，他就忍不住要加入抗议，上街头喊口号，或是组织同学向学校抗争。

抗议示威能解决问题吗？我觉得这是不妥当的事，有话可以好好谈。

求学时期，大家应该要爱惜时间、要感谢父母的栽培，因为父母花了许多心血，才能让你们安心求学，所以求学期间应把握时间完成学业。若想表现英雄义愤，动不动就到街头示威静坐，可能会白白浪费时间；如果事后心里仍是愤愤不平、静不下心来看书，如此，学业就荒废了。

其实，社会的祥和是从个人开始。如果学生好好专心读书，老师好好教书，生意人用心贸易，农夫将农牧工作做好，士、农、工、商，人人守好自己的岗位，社会一定祥和，家家一定幸福，个人的成功也一定有希望。

> **让社会祥和的窍门：**人人守好岗位，善尽本分，社会一定祥和。

偏差人生

一个人犯错,倘能及时忏悔,则为时不晚,还有机会重新做人。最怕的是结交到坏朋友,无恶不作,不知守好人伦规则。这种不懂忏悔的人,之所以无法及时回头,是因为他没体认到所做的事是错误的。

若有关心他的人说:"你怎么和那样不好的人交朋友?"时,他不但不清醒,还会说:"我的朋友哪里不好?你骂我就好了,为什么要骂我的朋友呢?"这种一直不断陷溺下去的人,真的很可怜。

我曾看过一则国外的新闻报导。有三名强盗持刀闯入一间商店抢劫,商店内有一对父母亲和两个孩子,当警察来到商店外时,歹徒便将这一家四人绑起来作为人质。后来警察发挥迅雷不及掩耳的行动,制伏了这三名歹徒。

绝非行

警察问他们:"为什么要结伙抢劫?"

他们回答:"喝酒、交女朋友,是我人生的娱乐。"

"你的家里还有什么人?"

"父母、太太和孩子。"

"难道他们不知道你的行为吗?"

"知道,但是我喜欢。因为我有一群弟兄,当我和他们在一起,我就感觉很快乐。"

当地人民大多贫困,竟然也有这种花天酒地、花到没钱用的时候,就抢劫商店的人。这三名歹徒正是因为亲近恶友、不知忏悔,因此犯下大错,这样的人生实在很可怕。

我常说,世间最可怕的是人心。人的心若是有了一点偏差,就会造下罪恶。不懂得忏悔的人,总是凭一时的欢喜、凭一时的感觉而动作,以致无恶不作。

不小心交到坏朋友,真的会一步差、万步错;若知道自己错了,想要及时回头改过,过程也会非常辛苦。因为要改过,不但要靠自己的智慧,还要靠一群好朋友扶持。

希望人人亲近的都是好的朋友,希望朋友之间都能互相警惕、彼此纠正。请大家要时时顾好自己的一念好心啊!

心灵不偏差的窍门:时时忏悔,若是犯了错,要及时回头。

莫贪杯中物

人说酒醉误大事,喝酒,真的会误了大事。有时,我们看一个人很善良,为人也很好;但黄汤下肚,酒性发作,他就变了。曾看过喝醉酒的人,醉到将自己的衣服脱个精光,四脚朝天躺在路边,真是出尽丑态。等他酒醒后,也觉得不好意思。会说:"我要改过了!"但酒瘾再犯时,还是控制不住自己。

这种人不喝酒时像个绅士,但酒一喝下去,就失去了人形,和动物无异。为什么他不能尊重自己、不能疼惜他的人格呢?只是因为贪爱杯中物。

其实酒静静地装在瓶子里,是人自己动手去端酒来喝,一喝下去就不能控制。所以我说这种人最没志气,明知喝酒会乱性,偏又去喝;喝了之后才后悔,后悔之后说要改过,但一看到酒又改不了,这种人实在令人担忧。

因为喝酒伤身又破坏形象,所以"不饮酒"是慈济人

十戒中很重要的一条戒律。我知道有些慈济人,在加入慈济前也曾经染上酒瘾,甚至有人喝到酒精中毒。但是进入慈济后却能改正过来,为什么呢?因为他有一群好的朋友,在旁边不断关怀、照顾他;带他走好路、做好事,将他的精神理念导向正确的方向。

其实最好的方法就是带他去做环保。只要让他一直很忙碌的做,当他酒瘾要发作时,有慈济人在旁陪伴,待酒瘾过后,自然就忘记了,从此慢慢地将酒瘾戒除。

在心灵上,有一群好人来引导他;在体力上,有工作让他能够投入,让他觉得做这件事很有意义;如此,他的精神、体力有寄托、有方向,酒瘾就能戒得掉。这一切,都要依靠一个好的大环境。

慈济这个团体是一个很美的环境,身处在这么美的环境中,他自然能惜福,懂得及时回头、去恶从善,改掉过去不好的习气,转过来走这条康庄的菩萨道。

> **戒酒的窍门**:投入一个美的大环境,在心灵上有人陪伴,体力上有工作投入,精神上有寄托,酒瘾自然能戒除。

拒吸二手烟

现在的青少年有的平时就有抽烟习惯,不抽烟的孩子看到同学喜欢抽烟,虽然也想劝他,但却不知如何劝。其实,只要大家来做医院志工,从与病人的互动中,就可以学习到劝人戒烟的常识。

记得有一次和院长聊天时,谈起环境的清净和污染。我说卫生署一直在呼吁拒吸二手烟,究竟二手烟有什么危害呢?院长说,一般的香烟拿去化验时,只有十五种化学成分;但经过人吸入体内再呼出来后的烟,化验后却含有几千种。这几千种化学成分中,有几百种对人体有害,也有几十种可能导致人体罹癌,而且其他几千种的化学成分也会对空气造成污染。

因此香烟不但对自己有害,呼出后对别人的伤害更大。因为空气是流通的,若很多人一起抽烟,大家吐出的二手烟,对人体和环境的危害,实在很可怕。

人生一定要培养悲心,也就是未想到自己之前,就要先想到别人。既然吸烟对自己有害,对他人也会造成伤害,我们就要多多自戒。

> **推广戒烟运动的窍门:**只要去医院做志工,就可以学到戒烟的常识。或上戒烟网站,也可以看到各种推广戒烟运动的实用知识喔!

将刷卡的手转来做环保

什么是真正的快乐？世间人说的乐，指的多数都是五欲。俗话说欲心如火、欲念如海、欲无止境，人间的五欲——色欲、声欲、香欲、味欲、触欲，每一项都会令人在日常生活中起颠倒乱想。其实世间一切皆是虚幻无常，但凡夫却在虚幻无常中执著于世间五欲之乐，徒然为己身引来众多苦因。

例如，很多媒体都报导过卡奴、卡债问题，许多现代年轻人都变成了卡奴。我刚开始听到"卡奴"这个名词时，还不知道是什么意思。后来才知道现在流行刷卡，只要一卡在手，就能走遍天下。因此年轻人看到喜欢的物品，就刷卡购买，因为能马上享受，满足一时之欲。

虽然可以先刷卡，但到头来还是要缴费。刷卡费用太多，去哪里拿钱来还银行的债呢？因此铤而走险，有的年轻人会去抢、去偷、去骗，甚至有人因此产生走绝路的心

绝非行

境,造成很多社会祸端。这都是因为五欲,这都是招苦之因,但凡夫就是无法了解。

此外,现在的社会普遍鼓励大家消费,但我认为这种观念是错的。鼓励消费、鼓励刷卡,虽然给民众许多方便,但很多人不能自制,总是不顾后果,能先享受就先享受;等享受以后,很快就要承担悲苦的下场。

要怎么安抚那些人的心,不让他们成为卡奴,不让他们因为卡债而走上绝路,我想最好的方法就是环保站。我常说走入慈济,就会懂得惜福、造福。一般人出门前,若发现衣服都不太喜欢,就会想再去买一件衣服;但慈济人却想到,可以去环保站找一件合适的回收衣物来穿。如此,原本要买衣服的钱省下来了;做环保的人,不会一天到晚只想消费。

若遇到喜欢花钱的人,不妨把他带到慈济环保站参观,让他知道许多回收物资都要辛苦分类、清洗、捆绑,才能换取少少的价钱。能知道做的辛苦,就不会轻易花钱。

希望大家将刷卡的手转来做环保,但愿卡债问题能够消灭,期待人人的心都很满足、平安。

避免成为卡奴的窍门： 做环保是对治卡奴、卡债最好的方法，因为做环保的人，不会一天到晚只想消费。

12 显佛法

在日常生活中,行佛所行之行,说佛所说之语,怀佛所怀之心。若能如此,则瞬息之间所遇的一切,都是佛法的真理。

善尽己能

现在许多年轻学子对佛教已渐渐有所认识,我内心深为佛教庆幸。佛教不能离开人群,而且佛教需要有知识的青年参与,更需要有身体力行的人,才能切实推动佛教的精神。

佛法不能只用想的,更要在人群中身体力行,把抽象的四无量心实践出来,使它成为与人群不可分离的教化。不过,这一定要有爱心、耐心、感恩心,更需要有信心才能做到。

现在的社会有光明温暖的一面,也有扰乱不安的现象。有人说:"现在的社会已丧失伦理道德。"讲的人很关心社会,所以一看到不好的现象就很失望。但是放眼望去,大家应该要有信心,因为有许多青年学子已投入慈善机构,从事服务的工作。

学生们利用寒暑假参与福利人群的团体,甚至也有人参与短期出家，探讨佛法真理。更难得的是有许多年轻人投入慈济的志工行列，不怕辛苦、不怕脏乱，真正以爱心参与净化环境、心灵的工作。

我们不要怕力量太小，怕的是不愿出一份力量。我想起一个小故事——有一只小蚂蚁，它常常觉得无奈。有一天，它向佛陀说："佛啊！我很无奈，因为力量太微薄，无法转动泰山！"

佛陀安详地回答："不必在意你的力量有多大，不必担忧你没有力量转动泰山，我认为你也有很大的力量啊！以蚂蚁而言，你可以搬动一根毫芒，愿意付出这份力量已经很好，泰山就让可以转动的人去转吧！"

这段话对我们也很重要，人人都不可轻视自己的力量。只要尽力，不论力量大小都能发挥良能。也希望大家有共同的心，而且不是一时的发心，重要的是长久的恒心，如此，自然一切事都能成就。

一切功德与福德，无不是从身语意之所生，我们应用身体行菩萨道，一步步前进，一定能到达目标。不要轻视踏出去的每一步，须知千里之路，始于初步。只要有耐心，

必能到达目的地。

佛法难闻,人身难得,现在我们条件样样具足,又行在菩萨道的中心,大家要一路向前,不可停滞,将来必能到达圆满的佛的境界。

成就事情的窍门:凡事尽力而为,恒持发心如初,诸事都能成就。

四摄法

什么是四摄法？就是"布施，爱语，利行，同事"。

第一："布施。"说到布施，大家都认为就是施舍钱财。其实，布施有三种，分别是财施、法施和无畏施。

"财施"一定要布施大量的钱财吗？现在慈济呼吁回归竹筒岁月，只要有心、对自己的生活没有妨碍，即使是一元、两元，都可以布施来做救人的事。因此，只要有心，即使贫穷，布施也不难。

财施之外，也可以法施、无畏施。"法施"就是将我们学到的方法，不论是做人的规矩、人生快乐的方法、正确的观念等等，毫不隐瞒地分享给别人，这都是"法施"。

什么是"无畏施"呢？同学们来到慈院做志工，就是在做"无畏施"。例如看到阿婆心情不好，同学就上前关心："阿婆，您怎么了？说给我们听，我们来帮助您，不用怕。"她看到你们来了,心里很快得到安定,因为她知道你们会帮助她、给她依靠,这就是无畏施。

财施是物质上的付出,无畏施是精神上的关怀,法施是人生方向和正确生活方法、观念的分享,自己有什么就可以布施什么出去。

第二:"爱语。"就是彼此讲话要小心,要注意这句话说出去,会不会伤到对方的心?讲话不要逞一时之快,一定要先思考过才说。讲话之前先考虑到:"怎样讲话才能让人欢喜?"只要可以利益他人、转变他人的话,就是让人欢喜的话。因此,讲话的技巧一定要用心学习。

第三:"利行。"凡夫心都是"我要怎样才能得到利益?""我要怎样才能得到福利?"什么都是"我",所以会计较、争夺,做出很多害人的事。社会若要祥和,须先做到一项——"没有我"或是"先有他后有我"。我们所做的一切,须先有助于别人,这就是"利行"——利益众生的行动。

第四:"同事。"同事的意思是大家共同在一起时,要互相感化、互相牵引,这称为"同事度"。比如你们现在是学生的身份，年轻人彼此使用的言语，你们都听得懂，若能把握机会投入同学之中，用年轻人听得懂的话和他们说慈济，带动他们一起投入慈济，如此度化他们，就是同事度。

> **力行四摄法的窍门：**随力布施，常出爱语，利他第一，带动同学做慈济。

修行速成班

每次慈青举行传心灯活动时,看到一盏盏的烛灯由我手中传到他们手里,大家脸上带着微笑,并用烛灯排出一个"卍"字。从上往下看,这卍字好大啊!而且每一个点都很明亮整齐,呈现出光明的气象。我非常期待社会青年能连结在一起,一个个都是这"卍"字里的一点、一划,如此,社会将是多么光明、和气!这不是不可期待的事。

透过寒暑期慈院志工营队,让青年以欢喜诚意的心回来当志工,服务之后,大家心中充满法喜快乐;回到学校,他们又把这份心得转述给其他同学听,使其他人心中也发出菩提芽。下一回,就可让发心的人回来培养慈济精神,吸收佛法的理念。如此暑假、寒假交迭进行,则大专青年就可会合在一起了。

每次点传心灯时,大家也会一个个地讲述自己来做志工的心得。从他们的话语中，可感受到他们欢喜与被启发的大慈悲心。慈青在病房中为病人服务，他们看到病人欢喜，自己也非常欢喜，病人的快乐就是他们的快乐。他们甚至说，非常感谢那些现苦相来"度"他们的人，因为若不是病人的痛，他们无法体会人生的苦，进而珍惜自己的幸福。

曾有同学问我："成佛有速成的方法吗？"

我回答他："你们现在就在速成班里面，推动救人的工作，走在菩萨道上，这就是速成班呀！"

行菩萨道是佛陀对我们的教育，也是成佛必经之路。因此进入菩萨大道，是成佛的"速成班"。人生真正要学到佛的教法，必定要改进自己，具备仁心。仁者人也，有仁心的人，才是完人。佛陀教育众生，即是要把人格不完全的人引入正道，人的人格能完全，才能称为"完人"；无缺点的人就是完人，也就是佛性的完成。

我常说："人格成，佛格即成。"不论是发扬佛法的理念或推动慈济的工作，都是希望人人能成为"完人"，然后融和于人群之中，做个正正当当、问心无愧的人；做一个为社会、为人群付出而不计较的人，这正是"行菩萨道"。

佛法像个大洪炉，众生则像未经冶炼的铜铁矿石。要将矿石从石头变成铜皿铁器，不但要在洪炉中烘烤融化，烧红的铁还得用大铁锤来锤打锻炼，如此才能成器。

佛法像洪炉，能降服刚强的众生；人我之间的习气磨练，则像锤打的铁锤。有佛法理念的修行者，更需要有慈济的行动；因为行菩萨道不能离群，而人人都有不同的习气，做慈济，能让我们透过不同习气的锻炼而达到圆融之境。因此，在人群中磨练，就像经由洪炉烘烤、铁锤锻炼过一样，慧命才能成长。

总之，修行不能离群，在人群中要自我磨练。若能让自己无棱无角像个圆球，滚来滚去都不会有障碍。对自己要常常"防非止恶"，对人则要抱着"善解"之心。若能时时警惕自己，严己宽人，相信人际关系一定会很好。

> **快速成佛的窍门**：推动救人工作，走在菩萨道上，就是成佛速成班。

不自轻、不自大

我时常告诉你们要尊重己灵,每个人都有很纯净的佛性,但这个纯净的佛性被我们污染了,因为很多无明纠缠在我们身上。一切人心的污秽与社会的乱象都是人制造的,只要每个人对自己负起责任,这个社会就不会脏,也不会乱了。

"无明"是内心黑暗,前途没有光明,所以对事物的看法很容易偏差,不由自主就会做错事。由一念微细的无明,带动贪瞋痴卷起心海的波浪,漩涡是愈卷愈深,想要回头非常困难。

贪瞋痴表现于人的六根,人有眼、耳、鼻、舌、身、意六根。"眼睛"对色,看到就想追求。例如自己若住简单的房舍,看到别人住高楼大厦,常会心生比较。这一比,心理会不平衡,心中自然起了波澜。另外,同学之中,可能会有家境不错却不安于现实的人,父母的爱让他备受压力,于是他就为反对而反对。当他一接触到外面的花花世界，眼睛一看到、"耳朵"一听到，就沉迷进去，想要回头已经无法自拔。

"鼻子"对的是味道，为了这个味道，不知已经伤害了多少生灵。举凡天上飞的、水中游的、地上跑的，多少可爱的动物都因为人对味道的追求而失去生命，人类这份残忍的心也是为了贪味而来。许多人的"舌头"更时常好话不说，专说一些引导人走向偏差的话，人的瞋念往往会因为道听途说而误入歧途。

再来是"身体"的接触感受。人总是爱自己的这个身体，因此热的时候要吹冷气，冷的时候想要暖气，可是若过于保护这个人身，就会舍不得去付出，甚至会为了贪图身体享受，而做出伤害其他生命的动作。

"意"对"法"。一般人看到社会上的事情，很容易产生愤愤不平的情绪；事实上，可能是自己见解不正确。但许多人总是一看到就发出为反对而反对的声音，很少想到社会要怎么样才能和谐，只想到自己该如何喊出反对的声浪，好让别人注意到我。

虽然无明三毒令人沉沦，但人人也都有本具的清净佛性,只要我们观念正确,方向坚定,即使身处五浊恶世,也能发挥做人的良能——净化人心、祥和社会、使天下无灾难。

以我自己为例,我向来身体就不好,很多人都为我担心,怕我太累了,怕我无法承担慈济工作。然而,有很多艰难的事情,我还是突破它,将它完成了。我只有一个念头——我不轻视自己,但我也不会自大我慢。

所以我常说很感恩大家。慈济是很多人一起做出来的,帮助我的人,我要感恩;接受帮助的人,我也要感恩。假如没有需要帮助的人,我们怎么有机会去帮助人呢?生在人间要常常感恩,但千万不能轻视自己。

乱象起源于一,有了一个就会有十个、百个、千个、万个;若由万个推究回去,只是因为有了那个"一"的关系。所以,"做好事不能少我一个,做坏事不能多我一个",请大家一定要做到这句话。

很多同学都曾做过医院志工,做志工可以体会到佛法的真理,也能深深体会生命的真谛。在医院里面可以体会生、老、病、死,可以体会什么是无常、什么是苦、什么是空,种种烦恼在医院里都看得到,所以医院不但可以救人的生命，也可以开发人的慧命。慧命是精神观念，一个人的观念若有一点点偏差，他的一生就会变成活的死人。要启发慧命，才能拥有健康且活生生的人生，而医院正是一个很好的教育场所。

过去的寺院将三藏十二部经等妙法放在藏经阁里，我现在则是将藏经阁里面的法搬出来，推动到社会上，让每个人都知道佛法是可以应用在生活中的妙法。

慈济不讲大道理，慈济是牵引你们进来做、进来体会，可说是最微妙、最踏实的生活教育。要踏入慈济的门、要体会佛教的精神，第一道门就是要当志工，才能够真正体会人生的真谛。知道如何发挥生命、尊重己灵，将来才能承担自己的生活方向。

记住，不要轻视自己，但要缩小自己，扩大心胸包容一切。这就是真正的福慧双修。

> **福慧双修的窍门**：做好事不能少我一人，做坏事不能多我一人。

见佛闻法一念间

见佛闻法是瞬息之间,还是旷劫难遇呢?两者差别好像很大。其实"见佛闻法一念间"的意思是,若无法好好面对佛的教法真理、身体力行,即使是与佛同世,也与隔世无异;反之,虽然离佛世有数千年之久,但听到佛陀的教法后,当下能爱惜教法,拳拳服膺,这就是见佛闻法。

在日常生活中行佛所行之行,说佛所说之语,怀佛所怀之心,若能如此,则瞬息之间所遇的一切,都是佛法的真理。可见要得到真理,且能体会真理,并不一定在几岁之时,或在何种特别的环境。

我曾听一位慈济委员分享,她说有一天在回家的车上遇到慈济技术学院的学生。她问同学要去哪里?

同学回答:"我们要去散播慈济的种子。"又接着说:"有一次,我们和他校的学生一起参加救国团活动,登山之后,才发现慈济的学生非常受到重视,因为我们的行为、言语、动作,都让人很肯定。"他们又说:"在跟他校学生谈话当中,我们也都会把握机会,告诉他们慈悲喜舍的精神,也和他们分享要缩小自己,扩大心胸,所以在外参加活动,大家都很爱我们。"

听到这一则分享,让我很感动。这些同学入学时间只有短短一学期而已,却已经能将佛教的精神,融合于慈悲喜舍的行动中;在与他校学生互动时,能让自己一切的行动都符合慈济的形象,并且散播慈济的种子,表现出慈悲喜舍的大爱。

学生们在学校上课,接触到的大多是专业知识,很少接触到佛法。但他们的心却能在潜移默化中融入佛法,因而处于人群中,使人人敬爱。他们接触的时间虽然不长,但因为能用心接受,使得己心和佛心互相融通、身意会合,这就是"见闻佛法一念间"。

学佛闻法不在久长,离了佛心就变成旷劫难遇了;若能会合佛心,瞬息便能见佛,所以"生值佛世"并不难。只要专心,能于瞬息之间见闻佛法,这完全在于一个"心"。

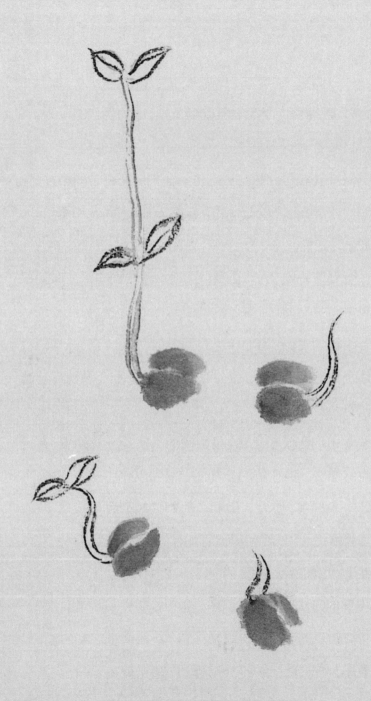

请大家要真正用心,听了法要真正的吸收,放在心中,然后表现于行为,则见佛闻法并不难。

> **见佛闻法的窍门**:听了法要真正的吸收,放在心中,然后表现于行为。若能会合佛心,瞬息便能见佛。

附录

慈济弟子规

总论

昔圣贤,作规戒,启童蒙,行孝悌。今慈济,开课堂,点心灯,授智慧。争时间,重孝顺,顾好心,美人文,入慈济,做志工,说母语,善人生,明情绪,不吸毒,绝非行,显佛法。盼学子,勤修习。

争时间

争时间,过秒关,不思前,不想后。想过去,是杂念,思未来,是妄想。把握住,这一刻,认真做,踏实过。世间寿,两算法,逐年增,递年减。用增法,想时间,盼明日,何其多。用减法,算世寿,是日过,命随减。少水鱼,斯何乐,当精进,勿放逸。惜时间,勤学业,守空间,护地球,人际间,重礼仪,此三间,当珍惜。人生权,无所有,当发挥,使用权。娑婆界,传大爱,创分秒，为永恒。行功能，显良能，学业进，志业全。
既付出，心轻安，此感受，最胜妙。

重孝顺

说孝顺，曰能养，曰色难；父母在，不远游；保色身，
不毁伤，此小孝，能竟全，世所希，当赞叹。慈济人，
重孝道，大小孝，要并进。堂上亲，恩深重，孝父母，
当及时。此人身，父母留，多行善，即尽孝。行善道，
尽孝道，善与孝，不能等。做志工，多法喜，与父母，
常分享。领父母，做慈济，菩萨道，坚定行。上求法，
下化众，此是谓，真大孝。

顾好心

造众恶，行诸善，皆源自，一念心。世俗人，求聪明，
劝学子，重智慧。聪明人，知识高，慢心盛，计较多；
智慧人，心宽阔，念纯真，不比较。转聪明，为智慧，
此人生，真价值。劝青年，修心地，养品行，正威仪。
众烦恼，及是非，不入心，即禅寂。应培养，三无心。

天下人，无不爱，无不信，皆原谅。顾好心，做好事，说好话，行有礼，此是谓，能自爱。为众生，勤付出，小纳米，大良能。人与人，不相轻，视众生，皆平等。

美人文

美人文，何所指？不染发，不异服，衣得体，好形象。敬父母，尊师长，爱手足，重品德，知洒扫，懂进退，此是谓，美人文。地不扫，碗不洗，被不折，衣不整，夜迟眠，晨晏起。贪享受，身邋遢，轻礼仪，失伦理，此辈人，有人形，无人伦。好青年，应互勉，净人心，正非行，布大爱，展人文。

人慈济

说慈济，诉缘起。一摊血，启悲心，三修女，论教义，为佛教，为众生，比丘尼，创慈济。四大者，曰慈善，曰医疗，曰教育，曰人文，再加四，做环保，入社区，捐骨髓，救国际，此八者，名八法。

锯竹筒，三十支，集善款，做善行。有林曾，独居妇，
身染病，行不便，慈济人，勤关怀，开慈善，第一例。
开善门，志灭贫。细观察，贫苦因，遽发现，贫病依。
要灭贫，先绝病，遂发心，建慈院。医院成，又建校。
护专起，大学立，复又设，中小学。大爱台，传法音，
借卫星，四秒内，美讯息，传全球。望学子，入慈济，
净自己，化他人。

做志工

做志工，须用心，耳观色，眼听音，眼耳根，互转换，
此是谓，真用心。有大林，囡仔仙，教病人，开心法。
要欢喜，要快乐，笑眯眯，此三味，是良方。

做志工，以己心，入他心，见众苦，知己福。既知福，
会惜福，进一步，广造福。云何是，造福法？入人群，
勤付出，尽形寿，不退转。

修慈悲，行喜舍，四无量，当圆满。从凡夫，到佛地，

菩萨道，是桥梁。慈济宗，教菩萨，入人群，济众苦。
苦既拔，复说法，普令众，入佛智。经一事，长一智，
众生苦，无尽量，救世法，亦无量，遂成就，无量智。

说母语

台湾岛，多族群，风俗异，言语别。劝学子，说母语。
文化根，在语言，母语通，文化坚。祖孙间，要沟通，
祖爱孙，孙敬祖，悉仰赖，母语通。青少年，务勉力，
学母语，勿或忘。

善人生

望学子，当铁珠，慎勿做，草莓族。勉青年，守十戒。
不杀生，不偷盗，不邪淫，不妄语，不饮酒，此五戒，
佛所制。第六戒，不抽烟，不吸毒，禁槟榔。第七戒，
不赌博，不投机，不取巧。第八戒，重孝顺，调声色。
第九戒，交通法，须遵守。第十戒，不游行，不示威，
政治事，不参与。身持戒，心感恩，善人生，最幸福。

明情绪

人之初,性本善,无明起,瑕疵成,习气出,恶形现,逆缘中,复造恶。修习气,在于心,并耐力,加忍力,及毅力,诸恶习,可除尽。人际间,要和合,须知足,怀感恩,多善解,广包容。声与色,要调柔,令闻者,心欢喜。勉学子,明情绪,调习气,去无明。

不吸毒 绝非行

防错误,止恶行,勉学子,要谨记。观念偏,要调整;行为偏,要改正。见现代,青少年,迷网咖,陷电玩。亲长劝,大声辩,说读书,压力大;双亲爱,压力重,为减压,去网咖。听此言,思此论,青年辈,宜正念。求学期,读书册,是学生,本分事。劝学子,调心念,亲书本,远电玩;拒烟酒,不吸毒,绝恶友,亲善友,欲念少,卡奴消。弃恶念,绝非行,灾厄息,百善生。

显佛法

释迦佛,大慈悲,讲净心,重利他。慈济人,生活中,四摄法，普应用。何谓四？重布施，说爱语，利众行，同事度。说布施，有财施，无畏施，法布施。人我间，说爱语，普令众，心欢喜。凡所为，一切行，利于众，为利行。带同侪，做慈济；引同学，入佛法，此皆为，同事度。慈济宗，菩萨行，大悲心，救众生，此佛道，速成班。

智慧课，讲演毕，言在兹，宜勉力。言入耳，法入心，愿学子，身力行。

证严上人著作·静思法脉丛书

《静思语》系列：

静思语第一、二、三合集（典藏版）	定价：58元（绸面精装）
静思语第一集	定价：20元
静思语第二集	定价：22元
静思语第三集	定价：20元
静思小语（全八册）	定价：35元（两册，绸面精装）

人生系列：

回归清净本性	定价：48元
孝的真谛——幸福人生第一堂课	定价：38元
孝为人本——世界和平的守护力量	定价：38元
人生经济学	定价：20元
心宽念纯	定价：23元
清平致福	定价：23元
撒下好命的种子	定价：23元
与地球共生息	定价：25元
色难	定价：23元
生活的智慧	定价：22元
证严上人说故事	定价：23元
生死皆自在	定价：25元
清净在源头	定价：25元

欢喜自在	定价：20元
买智慧——证严上人说故事1（漫画版）	定价：20元
诚实的商人——证严上人说故事（绘本）	定价：35元

佛典系列：

法譬如水——慈悲三昧水忏讲记（全五册）	定价：170元
净因三要	定价：20元
三十七道品讲义（上、下册）	定价：23—25元/册
三十七道品偈颂释义	定价：20元
心灵十境——菩萨十地	定价：18元
八大人觉经	定价：20元
救世救心八大人觉经	定价：20元
人有二十难	定价：20元
调伏人生二十难	定价：20元
佛遗教经	定价：25元
无量义经	定价：25元
无量义经偈颂	定价：48元
佛门大孝地藏经	
（附赠《用一生报父母恩》光盘）	定价：48元
东方琉璃药师佛大愿（上、下卷）	定价：49.80元
凡人可成佛	定价：20元
证严上人思想体系探究丛书（第一辑）	定价：75元
真实之路	定价：45元
静思语真善美花道	定价：48元

人文相关著作·慈济宗门丛书：

证严上人琉璃同心圆	定价：38元（法式精装）
考验——证严法师面对挑战的智慧	定价：25元
无籽西瓜	定价：26元
静思语的智慧人生	定价：18元
静思语的富足人生	定价：18元
读静思语学英文（上、下册）	定价：22元／册

图书在版编目(CIP)数据

撒下好命的种子/释证严著.—上海：复旦大学出版社,2011.3(2020.10重印)
(证严上人著作·静思法脉丛书)
ISBN 978-7-309-07826-8

Ⅰ.撒… Ⅱ.释… Ⅲ.佛教-人生哲学-通俗读物 Ⅳ.B948-49

中国版本图书馆 CIP 数据核字(2010)第 263924 号

慈济全球信息网：http://www.tzuchi.org.tw/
静思书轩网址：http://www.jingsi.com.tw/
苏州静思书轩：http://www.jingsi.js.cn/

原版权所有者：静思人文志业股份有限公司授权复旦大学出版社
出版发行简体字版

撒下好命的种子
释证严 著
责任编辑/邵　丹

复旦大学出版社有限公司出版发行
上海市国权路 579 号　邮编：200433
网址：fupnet@fudanpress.com　http://www.fudanpress.com
门市零售：86-21-65102580　　团体订购：86-21-65104505
外埠邮购：86-21-65642846　　出版部电话：86-21-65642845
上海崇明裕安印刷厂

开本 890×1240　1/32　印张 7.75　字数 110 千
2020 年 10 月第 1 版第 10 次印刷
印数 39 901—44 000

ISBN 978-7-309-07826-8/B·381
定价：28.00 元

如有印装质量问题，请向复旦大学出版社出版部调换。
版权所有　　侵权必究